JN075164

競馬の教科書

発想を変えるだけで回収率は上がる

玉嶋 亮
Ryo TAMASHIMA

oo-parts
publishing

競馬の教科書
発想を変えるだけで回収率は上がる

まえがき

本書に興味を持っていただき、ありがとうございます。まずは簡単に自己紹介をさせていただきます。私は本業で競馬以外の仕事をしており、競馬に割ける時間は1週間にせいぜい5〜6時間程度です。競馬予想をするための時間は、平日のスキマ時間から絞り出しています。6時間って、本気で競馬予想をしようと思ったら、意外と長くありません。「時間が限られている中で、どうやって効率的に予想して競馬で勝てるか？」。私は競馬を本格的に始めてから、常にそればかりを考えてきました。本書を手に取っていただいている方のほとんどは、私と同じような境遇で、同様の悩みや葛藤を抱えているのではないでしょうか？

　世の中には、毎日四六時中競馬のことだけを考えて、質の高い予想を提供しているプロ予想屋がいます。私もプロ予想屋の方と交流がありますが、どういう生活を送っているか話を聞くと、平日の昼間は、前週72レース分（3場開催×2日の場合）のレース映像を全て見て分析しているそうです。「プロなんだから、当たり前じゃないか。我々アマチュアには関係ない」。本当にそうでしょうか？競馬で勝ち組に入るには、一般的に上位2〜5％にランクインしなければならないと言われています。馬券で生活している人や、質の高い予想を提供しているプロから予想を購入して馬券を買っている人がいる中で、その上位に食い込むのは、非常にハードルが高いのが現実です。私は、これらの方々に対抗して「どうすれば互角以上に渡り合って、競馬で勝てるだろうか？」にこれまで取り組み続けてきました。

002

時間に限りのあるアマチュアには、突破口はないのでしょうか？

　私の出した結論は、「競馬で勝ち続けることは簡単ではないが、やるべきことをやれば、実現可能」です。以下に、参考として2022年度のPAT成績を示します。私の設計回収率は130%、2006年〜2023年1月末の累計回収率は146%です（カバー作成時は148%でした）。

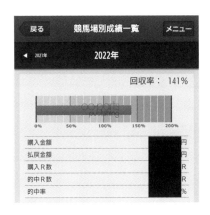

　本書では、私が競馬を始めてから「合理化」「選択と集中」「生産性の向上」「働き方改革」を繰り返し、試行錯誤の末に辿り着いたノウハウを紹介します。
「競馬の教科書を読んで一生懸命取り組んだら、勝てるようになった」「競馬で勝つのって、絶対無理だと思っていたけど、そうではなかった」等、本書を手に取ってくださった方々の一助となればと思い、本書を上梓いたしました。そうなれば、著者としてそれに勝る喜びはありません。

2023年1月　玉嶋亮

CONTENTS

C O L U M N

競馬の教科書

第 1 章

アマチュアの流儀

▶▶ 方針を決める ◀◀

競馬の教科書

競馬の教科書
発想を変えるだけで回収率は上がる

情報過多の弊害

　現代社会は、「誰でも」「簡単に」情報を得ることができるようになりました。スマートフォンではパソコンと同じようにインターネットでニュースを閲覧できますし、通勤・通学電車の中ではほとんどの人がスマートフォンでニュースや動画を見たり、オンラインゲームをしたりしています。20年前は、本や雑誌、新聞を読んでいる方が多かったですが、今はそうではありません。

　競馬予想の世界も例外ではなく、JRA-VAN等のアプリで情報やレース動画をいつでも、どこでも見ることができるようになりました。指数は進化していますし、AIも競馬予想の常識を変えようとしています。

　しかし、簡単に情報が手に入る一方で、弊害もあります。大量にある情報の中から、必要な情報と不要な情報を正しく取捨選択しなければならなくなりました。何でもかんでも手を付けていたら、時間がいくらあっても消化不良を起こします。競馬の情報源が多くなった結果、競馬の勝ち組、負け組の格差がさらに拡大したと言ってもいいでしょう。要領良く必要・有用な情報を入手し、活用できている勝ち組と、役に立たない膨大な情報を一生懸命入手し、徒労（成果が出ない努力）に明け暮れる負け組です。

　例えば、血統は私にとっては役に立たない上に、膨大な時間を奪われる最悪な予想ファクターです。と言っても、血統理論そのものを否定しているわけではありません。私が考える「アマチュアのやり方」には適さないという意味です。血統で有名な亀谷氏や水上氏はそれを仕事としているプロだからこそ使いこなせているのだと思っています。その分野だけで本が何冊も書けてしまうほど奥が深い分野なので、素人である我々がそれにのめり込むのは現実的ではありません。限られた時間で最大の成果を出すならば、血統は軽視すべきだと考えています。

　重要と考えているファクター（例：トラックバイアス、コーナリング能力）の分析に時間をかけ、重要でないと考えているファクター（例：血統、データ）の分析には時間をかけない。それが私の考える「アマチュアのやり方」です。

「情報」って何だろう？とふと立ち止まって考えてみました。英単語の「information」「intelligence」。どちらも「情報」という意味を持っています。しかし、本質的な意味は同じようで違います。「information」は、人から伝え聞いた生の情報であるのに対して、「intelligence」は解釈によって加工された情報です。つまり、人間が解釈して決めた方向性が介入します。

　競馬においても「information」が常に多方面から流れてきています。本項の冒頭で言及した通り、それは多方面から流れてきますが、「information」に対して方向性を定めておかないと、ありとあらゆる発信に踊らされてしまいます。「information」を「これは必要。しかも最重要」「これは必要。でもオマケ」「これは不要。スルー」この方向性がブレてしまえば、質が高いかつ再現性のある予想ができません。

　取捨選択した結果の「information」が「intelligence」であり、本書で扱っている定石です。

予想が上手いだけでは、競馬で勝てない

　まずは、「競馬で勝つ」ことがどれくらい難しいかを書きたいと思います。本書を手に取っていただいた方にお訊きします。予想が上手くなれば、競馬で勝てると思っていらっしゃらないでしょうか？ 私は、それは違うと思っています。

　予想が上手くなるのは、入口でしかありません。予想が上手くなっただけでは、回収率100％前後がそこそこで、その先には進め

ません。予想して、①買い目にオッズフィルターをかける（安い買い目は消す）、②条件が悪くて稼げないと見れば潔く撤退。そこまでできて初めて「競馬で勝つ」ことが見えてきます。

　②の具体例は、2022年のダービーです。私の予想では、ドウデュース、イクイノックス、ダノンベルーガ、ジオグリフらが好走する可能性が高いと考えました。馬券は馬連ボックス（6点）を検討しましたが、5.6倍、7.1倍、7.3倍、10.3倍、12.2倍、13.8倍（平

2022年5月29日　東京11R
ダービー（GI）芝2400m良

着	馬名	斤量	タイム	位置取り	上がり	人気
1	7 ⑬ドウデュース	57	2.21.9	13-14-14-14	33.7	3
2	8 ⑱イクイノックス	57	2.21.9	16-16-16-14	33.6	2
3	2 ③アスクビクターモア	57	2.22.2	2-2-2-2	35.3	7
4	6 ⑫ダノンベルーガ	57	2.22.3	10-10-11-11	34.3	1
5	3 ⑥プラダリア	57	2.22.8	5-5-6-5	35.2	5
6	8 ⑯キラーアビリティ	57	2.22.9	13-15-15-16	34.5	8
7	7 ⑮ジオグリフ	57	2.22.9	10-10-11-11	34.9	4
8	4 ⑦オニャンコポン	57	2.23.0	12-10-11-11	35.0	6
9	5 ⑨ジャスティンパレス	57	2.23.2	6-8-8-8	35.4	10
10	4 ⑧ビーアストニッシド	57	2.23.5	4-3-3-3	36.2	17
11	1 ②セイウンハーデス	57	2.23.9	6-7-4-5	36.4	16
12	1 ①アスクワイルドモア	57	2.24.0	6-8-8-8	36.2	13
13	2 ④マテンロウレオ	57	2.24.0	13-10-8-8	36.2	18
14	8 ⑰ロードレゼル	57	2.24.0	6-5-6-5	36.5	11
15	7 ⑭デシエルト	57	2.24.0	1-1-1-1	37.3	15
16	6 ⑪ジャスティンロック	57	2.24.7	18-18-17-17	36.0	14
17	5 ⑩マテンロウオリオン	57	2.25.9	17-17-17-17	37.2	9
18	3 ⑤ピースオブエイト	57	2.29.1	3-3-4-4	41.7	12

単勝420円　複勝160円 150円 410円　枠連420円　馬連730円
ワイド340円 1,120円 1,390円　馬単1,440円　三連複4,570円　三連単15,770円

均9.4倍）とかなり人気が集中しました。これでは厳しいと判断し、予想はしましたが撤退しました。

「せっかく予想したのに、撤退するのは気が引ける」というご意見をよくいただきますが、私の立場は違います。競馬の期待値は控除された払戻率72.5〜80.0％がベースとなります。「基本的に、馬券は買ってはいけない」がスタート地点であり、良い条件が整わなければ撤退が基本です。例えば、麻雀で、配牌が気に入らなければ卓に座らず、配牌が気に入ったら、卓に入る。実際の麻雀ではそんなことはできませんが、競馬では見送る選択肢を自由に選べます。それを徹底しましょう。

　私が掲げる「設計回収率130％」を達成するためには、やらなければならないことがあります。「予想の質を上げる」「予想と馬券を切り離す」「馬券に強い割り切りを入れる」「楽しむ競馬と決別する」「結果に一喜一憂しない」「仕事と同じ。粛々と毎週過ごす」「自信度との決別」。これらが全てできるようになって、やっと勝てるようになるのが競馬なのです。

勝つための競馬は「楽しくない」

　私は競馬を「面白い」と思ったことはありますが、「楽しい」と思ったことはありません。楽しむ競馬と、勝ちにこだわる競馬は立ち位置が違います。例えば、プロ野球選手や、プロゴルファー、競馬の騎手は楽しそうにしているでしょうか？　私には、そうは見えません。私が尊敬しているイチロー氏の言葉をお借りします。「楽しんでやれと言われますが、僕にはその意味がわかりません」。私が好きな言葉です。

　競馬で良い成績を残すためには、毎週同じことを繰り返す根気強さが求められますし、質の高い予想を目指そうと思えば、予想に時間をかける必要があり、参戦するレース数を絞らざるを得ませ

ん。馬券を買えるレースは週にせいぜい3レースが限度で、場合によっては予想したのに馬券を買えない等の制約が非常に多くなります。せっかく一生懸命予想したレースで、「自信度」に関わらず「割に合わないオッズだから、見送り」なんて日常茶飯事です。楽しもうと思わないというよりも、勝つのが難しい競馬で結果を出すことだけを考えているので、楽しむ余裕がないというほうが適切かもしれません。

本命党？　穴党？　目指すべきは「期待値党」

　馬券スタイルを議論する上でよく言われる「本命党」「穴党」。本書を手に取っていただいた読者の皆様はどちらですか？　あるいは、そのどちらでもないですか？　私は「期待値党」です。あまり馴染みのない単語かもしれません（プロである予想屋マスターが造った単語です）。

　例えば、自分が「穴党」と思って読み進めた方は、「オッズを見て、穴をあけにいく予想に徹している」ケースが多いのではないでしょうか？　これには落とし穴があって、オッズを見て予想をすると、「この配当なら美味しいから買おう」という希望的観測が予想に混じって濁ります。これは私見ですが、予想には恣意的な判断を入れるべきではないと考えます。恣意的な判断や、あえて外れやすいほうへ舵を切る「割り切り」を入れるのは、馬券（買い目）の検討をする段階にすべきです。

　この手順を踏まずに予想と馬券を混同してしまうと、あらぬ方向へ進んでいって、収支がボロボロになってしまうリスクを抱えることになります。意識していただきたいのは、第3章でも解説する「予想と馬券は切り離せ！」です。予想には希望的観測や恣意的な判断は入れるべきではなく、オッズを無視して徹底的にオーソドックスな能力比較（相対比較）をすべきと考えます。予想の段階から恣意

的な判断を入れてしまうと、再現性の高い予想ができません。

　ちょっと脱線しましたが、「期待値党」とはオーソドックスな予想を徹底して、買い目を検討する際に、ありとあらゆる券種のオッズを見て、期待値の高い買い目を成果（馬券）として仕上げる人のことです。馬券は料理と似ている側面があって、「質の高い予想」は食材、「券種の検討」は調理法・調味料です。どちらが欠けていても、良いものは完成しません。

ビギナーズラック
勝つためのヒントがココにある

　初心者のうちは収支が結構良かったのに、競馬を覚えてくると、なぜか収支がどん底になる。よく見かける事案です。

　初心者のうちは持っている情報や知識が少ないですが、競馬新聞やTVからの情報を理解できるようになると、蓄積された知識の全てが判断材料になっていきます。しかし、競馬で勝つための本質がわかっていないと、有益な情報、無益な情報、有害な情報の取捨選択ができなくなるのです。競馬に詳しくなっているはずなのに、勝てない落とし穴はこれです。有害な情報に踊らされたら、勝てるわけがありません。競馬に詳しくなっているはずなのに、なぜか収支が悪化している、あるいは改善しないという方は、馬券との付き合い方が根本的に間違っている可能性が高いのです。

　ビギナーズラックの具体例として、2022年ヴィクトリアマイルのソダシ、ファインルージュ、ソングライン、この3頭の比較を考えてみたいと思います。

　ソダシはレース前の時点で、既にGIを2勝していました（阪神JF、桜花賞）。一方、ファインルージュとソングラインはGIで好走歴はあるものの、勝ちはありませんでした。それにもかかわらず、ファインルージュとソングラインの単勝は5.4倍、ソダシ

は5.7倍でした。ファインルージュとソングラインはそれぞれ東京1600mで好走した経験があったため、「適性」が過剰に評価されたのだと推察します。これをビギナーならば、「ソダシのほうが実績優位で、しかもファインルージュに桜花賞で勝っている」のを理由に、素直にソダシを上位に取っていたのではないでしょうか？実際に、◎ファインルージュ、◎ソングラインだった方にアンケートを取ってみましたが、「確かにそうかも」とおっしゃる方が少な

2022年5月15日　東京11R
ヴィクトリアマイル(GI) 芝1600m良

着	馬名	斤量	タイム	位置取り	単オッズ	人気
1	3 ⑤ソダシ	55	1.32.2	4-4	5.7	4
2	6 ⑪ファインルージュ	55	1.32.5	6-6	5.4	3
3	4 ⑦レシステンシア	55	1.32.5	2-2	12.8	6
4	5 ⑩ローザノワール	55	1.32.5	1-1	194.8	18
5	1 ②ソングライン	55	1.32.5	9-8	5.4	2
6	1 ①デアリングタクト	55	1.32.7	6-6	8.4	5
7	5 ⑨アブレイズ	55	1.32.8	15-15	154.1	17
8	7 ⑭アカイイト	55	1.32.8	14-14	41.8	12
9	8 ⑰シャドウディーヴァ	55	1.32.8	15-15	89.9	16
10	6 ⑫ミスニューヨーク	55	1.32.9	11-11	65.1	14
11	3 ⑥ディヴィーナ	55	1.32.9	8-8	53.8	13
12	7 ⑬レイパパレ	55	1.32.9	3-3	4.1	1
13	8 ⑱テルツェット	55	1.33.0	18-18	31.7	8
14	7 ⑮アンドヴァラナウト	55	1.33.1	9-8	16.4	7
15	8 ⑯デゼル	55	1.33.2	12-12	34.3	9
16	4 ⑧クリノプレミアム	55	1.33.2	5-5	72.8	15
17	2 ④マジックキャッスル	55	1.33.5	12-12	38.6	11
18	2 ③メイショウミモザ	55	1.33.7	15-15	34.5	10

単勝570円　複勝230円 190円 360円　枠連1,770円　馬連2,010円
ワイド730円 1,460円 1,470円　馬単4,010円　三連複8,270円　三連単43,780円

くありませんでした。

　ここからは、私の見解を入れます。上に挙げた「素直にソダシのほうが実績優位で、しかもファインルージュに桜花賞で勝っている」。この事実は誰が見ても（初心者でも、玉嶋でも）同じです（さすがに、ここまで単純ではないので、「第5章 能力比較 番付を作成する」で解説します）。さらに、この日は内前有利のトラックバイアスで、ソダシは3枠5番からの発走。3頭の中では最も先行力があり、最も展開・トラックバイアスともに恵まれる可能性が高い状況でした。しかも、ソダシのほうが人気のない状況だったので、私の評価はソダシ＞ファインルージュ、ソングラインでした。

　競馬に詳しくなるほど、無意識に適性を意識するようになっていきます。初心者を脱して基本をある程度習得していけば、応用にも手を出して知識を拡げていきたいと思うのは知的好奇心の強い人であれば普通のことです。しかし、そこに落とし穴があります。応用である「適性」へと無意識のうちに傾倒していき、いつの間にか「能力」よりも「適性」を重視してしまうケースが見られます。もちろん、「適性」も大事であることは否定しませんが、それが「能力」よりも優先順位が上になってしまうと、予想がおかしなことになります。
　先述した通り、圧倒的な能力差の前では適性は無力です。ビギナーは知識が少ないため「適性」を知り得ませんから、直感的に「能力」の高そうな馬に本命を付けています。これがビギナーズラックの正体です。「適性」よりも「能力比較」や「トラックバイアス」のファクターを重視して予想する。それこそが正しい馬券との付き合い方であり、本書の基本的な考え方なのです。

勝負するフィールドをあえて狭める
芝オープンクラスへのこだわり

「まえがき」に書いた通り、私が競馬に割ける時間はせいぜい週に5〜6時間程度です。レース数を増やして質の高い予想をするのは現実的に不可能なので、芝のオープンクラスだけに絞ることにしました。絞るメリットとしては、①ダートのレースを見る必要がなくなる、②芝オープンで施行されるレースは、週にせいぜい4レース程度、③芝オープンに限定すれば、馬の特徴はせいぜい400頭程度覚えておけばいい等があります。

平地クラス別頭数 （2022年10月19日時点）

クラス	頭数	シェア
未出走	1758	21.6%
未勝利	1795	22.1%
1勝クラス	2131	26.2%
2勝クラス	1158	14.3%
3勝クラス	621	7.6%
オープン	661	8.1%

また、レースを絞れば、やることを大幅に減らすことができます。言うまでもありませんが、競馬ではやることを増やしていけばいくほど消化不良に陥り、質の高い予想ができなくなってしまいます。アマチュアとしてその課題を解決するために、私は芝オープンクラスのみにフィールドを限定しています。それ以外のレースについては、原則として手を出しません。

プロとアマチュア　絶望的な差

　競馬専門誌等で配信している「プロアマ対談」は、プロである予想屋マスターと、アマチュアである玉嶋の対談です。その中のやり取りで、こんなことがありました。以下は「競馬最強の法則Vol.12」に寄稿した原稿の抜粋です。

> **予想屋マスター**　いかがも何も、僕の場合は26年間プロとして飯を食っているから、プラス収支は「目標」ではなく「必達」ですよ。お客様を負けさせるような予想を有料で配信していたんじゃ話にならないし、お客様が離れていって、僕自身だけじゃなくて、うちのスタッフたちまで食い扶持を失いますからね。それについては、プロとしての矜持というか、、、プロだから当たり前なんですけど、レジャーで競馬をやっている訳じゃないですからね。言葉を選ばずに言うと、「ダメなら自分が損するだけ」という競馬ファンとは根本的に違います。質の高い予想を配信し続けなければ、僕の予想を信じてくれるお客さん全ての命の次に大事なお金がなくなるというプレッシャーを常に感じながら予想しています。
> **玉嶋**　そうですよね。。。

　琴線に触れるものがあって、「そうですよね。。。」それ以上の言葉が出ませんでした。考えてみれば当たり前のことです。予想の結果次第で、予想屋マスターだけでなく、顧客もスタッフも、関係者全員が不幸になります。それだけのものを背負って競馬予想をしているプロと我々アマチュアは、同列に扱うべきではありません。我々アマチュアは、競馬を本業としているプロには敵わない大前提（生活の中心が競馬予想であり、生活が懸かっている上に、かけている時間もアマチュアとは段違い）で競馬に取り組まないといけない、

と対談を通じて再認識しました。

　競馬において、自分の能力や時間の制約等の限界を見極めることは恥ではありません。むしろ、「ここまではしっかりやる」という明確な線引きをする覚悟が生まれるので、私は逆にアドバンテージだと思っています。予想力を上げるために「頑張る」のは言うまでもなく大事なことですが、一方で、無理なことに手を拡げていって、その結果、消化不良で予想の質が担保できないのは不幸以外の何物でもありません。やれることを着実にやって、結果を求める。私はそういうスタンスで今後も競馬に取り組んでいきたいと思います。

競馬はそもそも難しい
馬券を買わない前提の予想

　競馬の話をする上で、避けられないのが「控除率」です。競馬の控除率は20.0〜27.5%で、実感されている方が多いかと思いますが、「競馬は難しい」。私の認識も同じです。その認識があるからこそ、馬券を買わない前提で予想をします。

　私のスタイルはあまり一般的ではなく、予想したら、その予想の印のまま馬券を買う方が圧倒的多数かと思います。しかし、どうでしょうか？　私の認識では、どんなに予想が上手でも、レースを選ばず無策に馬券を買い続ければ回収率の限界は100%程度と考えています。これについては、私が交流のある予想屋マスターやPaddock Labを運営しているN suzuki氏も同様の見解を述べられています。アマチュアよりも遥かに予想スキルの高い競馬予想のプロですら、そういう認識を持っているのが現実です。

　まずは、馬券を買わない前提で予想して、条件の良い馬券だけを買う。第2章以降で、具体的な考え方やその方法論について、解説していきたいと思います。

働き方改革

▶▶ 不要を捨てる ◀◀

競馬の教科書

時間が限られている以上、
何かを捨てなければらない

　本書を手に取っていただいている読者の皆様の本業は何でしょうか？ この本を読んでいるということは、本業が競馬以外のアマチュアだと推察します。平日は本業に勤しみ、週末は休息や趣味、家族サービスに時間を使いたいという方が大半ではないでしょうか？

「まえがき」で触れたように、玉嶋も読者の皆様と同様に競馬のプロではありません。「競馬予想の時間がもっと欲しい」が偽らざる本音です。しかし、馬券ではプロだろうがアマチュアだろうが、同じ土俵で戦うことを強いられ、ハンデは一切もらえません。

　そして、競馬のファクターは星の数ほどあります。「血統」「調教」「厩舎」「騎手」……。全てを網羅できるくらいの時間的余裕と、それらを全てこなせる能力が備わっていればやるに越したことはありませんが、ちょっと落ち着いて考えてください。

「それって、あれこれ手を付けて、何もかもが中途半端になっていないですか？」

　競馬で一番怖いのが、中途半端に色々なファクターに手を出した挙げ句、理解したつもりになって、予想の方向性が定まらないことです。再現性がない上に、「買いたい馬」について、都合の良いファクターを持ち出していることってないでしょうか？ 例えば、「○○の全弟」「○○厩舎×○○騎手の黄金タッグ」「調教で超絶パフォーマンス」。見解はその気になればいくらでも作れてしまいますし、その予想で馬券を買えてしまいます（しかも、当たるときはマグレで当たる）。

「まえがき」で書いた通り、私には競馬に費やせる時間に上限があるため、勝つために捨てるべきものを捨てました。具体的には、「レー

ス数」「メディアの情報」「騎手」「調教」「パドック」……。試行錯誤しながら、勝つために捨てるべきものは捨てました。私は、勝つことにとにかくこだわりがあるため、「現実的に、競馬に費やせる時間が〇時間あって、何をどこからどこまでできるか？　中途半端にならないか？」に常に気を付けています。

　ここで挙げているファクターについては、多くの競馬ファンが注目しているので、その影響によりオッズが大きく動きます。その結果、多くのケースで馬券の期待値が大きく低下することは避けられません。例えば、上手い騎手が乗ることによって好走の可能性は高くなりますが、オッズ低下のデメリットが上回ってしまうのならば、いっそのこと無視してしまうのが合理的判断です。次項以降で、具体的に説明します。

私はこれを捨てた①　　　　　　レース数

　初めに考えたのは、「レース数を絞る」ことでした。これは誰でもできることであり、最も簡単です。物理的に検討しなければならないレースが減るので効果的と考え、芝オープンクラスに白羽の矢を立てました。芝オープンにした理由は、①月曜日に特別登録をチェックできること、②ライトな競馬ファンが多数参加しているため、オッズが急激に変動することが少ないこと、③15：30前後の時間帯に施行されるため、馬場状態、トラックバイアスを判断しやすいことなどがあります。

　レース数を絞らなかった場合と絞った場合について考えてみましょう。

CASE 1　　　　　3場開催　36レース予想

　朝の1Rから予想して、36レースで買えるレースを選定して買おうとするパターンです。

　理屈の上では、馬券を買うチャンスが36回訪れ、その中から期待値の高いレースのみを選定すれば良いので、一見するとチャンスが多いように見えますが、レースは10分ごとに施行されます。3場バラバラでダート、ダート、芝、ダート……。金曜日までに36レース全ての検討が終わっていれば対応できると思いますが、そうでなければ馬券を買う作業に忙殺され、その結果、レース内容を精査したり、馬場状態を精査したりすることが疎かになってしまうはずです。

CASE 2　芝オープンのみ（玉嶋の場合）

　例えば、日曜日のAJCC（中山GⅡ 2200m）に狙いを定めたと仮定します。週中は、特別登録のある馬だけ検証することに注力します。せいぜい20頭程度なので、1日に4頭ずつ検証していけば、月火水木金の5日間があれば、十分週末に間に合います。
　「馬券は実務」です。前項で書いた通り、「現実的に、何をどこからどこまでできるか？」が大事です。土日はスキマ時間を使って、中山芝コースのトラックバイアスを検証することだけに注力し、「内が有利なのか？」「外が有利なのか？」を確認します（自分に関係のない他場のレースは、必要ないから一切見ません→お遊びじゃない）。そこから、「回収率100％を超えられる」であろう買い目の馬券のみを買うのが玉嶋のやり方です。
　ここで大事なのは、見合わないオッズなら躊躇なく馬券を買うことを見送ることであり、「ストライクしか振らない」ことの徹底です。競馬は来週、再来週もありますから、見合わないオッズならば馬券を買う必要がありません。私の場合ですが、期待値的に「微妙だな」と思ったら、躊躇なくそのレースは見送ります。目指しているのは回収率100％ではなく、最低でも130％。微妙なオッズならば回収率100％が限界なので、「これならいける」と思えるオッズでなければ勝負しません。

　なお、「WIN5は勝負しないの？」とよく訊かれますが、私は勝負しません。守備範囲が「ダート」「芝下級条件」まで拡大して5レース予想しなければならないのは、単純にやることが数倍に膨れ上がり、優位性がなくなるのが理由です。中途半端な理解で予想しても、他の馬券購入者と差別化ができません。

「CASE 1」「CASE 2」は、あくまでも一例ですが、「現実的に、何をどこからどこまでできるか？」は人それぞれだと思います。そこからはみ出して、無策に馬券を買うのは、控除率に呑み込まれて「負け組」まっしぐらなので、私はオススメしません。

私はこれを捨てた② メディアの情報

　競馬新聞やテレビ、YouTubeを筆頭としたメディアは、我々に多くの情報を与えてくれます。一方で、例えば競馬番組では上位人気馬のパドックや返し馬しか映さないのが定番な上に、それらの馬の「気配が良い」「メイチ」「成長した」等、景気の良い文言が並びます。「アーモンドアイの調子が悪そう」「コントレイルからは成長している雰囲気を感じません」「グランアレグリアは衰えているかも」などとは、関係者への配慮からできる訳がありません。

　また、競馬新聞やスポーツ新聞記者の至上命題は何でしょうか？馬券を多数的中させることでもなければ、回収率100%超えを達成することでもありません。新聞の売上げをいかにして伸ばすかです。注目を集めれば新聞は売れるので、こちらも人気になりそうな馬をひたすら持ち上げます。人気馬の追い切りも何故かいつも「A評価」「S評価」で、「B評価」「C評価」を見たことがありません。このように人気馬は、過剰に馬券が買われるような記事が出回るため、人気の盲点にはならないケースがほとんどです。

　メディアから発信される情報で、人気を背負うであろう馬に対してポジティブな文言が並べば、「主催者」「関係者」「競馬ファン」

に喜んでもらえて（無難）、誰かが不幸になったり、不愉快な気分になったりしませんから、そのような文言が並ぶのは至極当然です。しかし、その情報を鵜呑みにして馬券を買うことは、馬券を買う側にとって正しいこととは言えません。本書を読み進めていらっしゃる読者の方々は、馬券で勝ちたいと思っているかと思います。厳しい言い方ですが、他人と同じ馬券を買い続ける限り、馬券では一生勝てません。それを念頭に置いて、第2章のこれから先「私はこれを捨てた③④⑤⑥⑦⑧⑨⑩⑪」を読み進めていただけると幸いです。

私はこれを捨てた③ 　　騎　手

2022年 騎手リーディング

	騎手	着別度数	勝率	連対率	複勝率	単回収	複回収
1	川田将雅	143-101-77-231/552	25.9%	44.2%	58.2%	76	87
2	戸崎圭太	136-111-80-486/813	16.7%	30.4%	40.2%	76	81
3	横山武史	127-100-92-453/772	16.5%	29.4%	41.3%	80	78
4	松山弘平	118-76-71-518/783	15.1%	24.8%	33.8%	93	75
5	ルメール	109-88-74-296/567	19.2%	34.7%	47.8%	60	74
6	岩田望来	103-83-75-525/786	13.1%	23.7%	33.2%	82	77
7	福永祐一	101-72-82-355/610	16.6%	28.4%	41.8%	68	76
8	坂井瑠星	98-88-68-524/778	12.6%	23.9%	32.6%	74	75
9	吉田隼人	83-60-57-499/699	11.9%	20.5%	28.6%	98	76
10	鮫島克駿	80-73-91-645/889	9.0%	17.2%	27.4%	83	87

　上表は、2022年騎手リーディングです。本項の冒頭で、この表を載せたのには理由があります。注目していただきたいのは、「川田騎手は凄い！」ではなくて、「単勝回収率」「複勝回収率」です。上位10人はいずれも100%に達してなく、この10人の単勝を買い続けた場合の回収率は80%。ここで言いたいのは、「リーディング上位の騎手を買い続ければ、馬券で負ける」ということです。し

かも、リーディング上位の騎手が騎乗する馬は、往々にして注目を集めます。このレッドオーシャン（競争が激しい場）で、果たして貴方だけが馬券購入者の中で優位に立てるでしょうか?

以下は、2022年に出版した『競馬の教科書 別冊 プロアマ対談 予想屋マスター×玉嶋亮』の抜粋です。

> **玉嶋** あまりいないと思うんですけど、私は「鞍上弱化」で喜びます。
> **予想屋マスター** それ! 僕も同じ。僕は喜ぶよりも基本的に騎手は見ていない。

いかがでしょうか?「騎手は全く見ない」というのはいささか言い過ぎで、「ルメール騎手は上手い」「岩田康騎手は奇襲を好む」「川田騎手は強気に先行するのが多い」「藤岡佑騎手は追い込みを好む」等々ありますが、私は騎手を基本的に見ていません。もう少し踏み込んで言うと、私は下位の騎手になればなるほど、妙味が出てくるので喜びます。後に紹介する「複勝チャレンジ」のような例外を除けば、競馬は当てにいけばいくほど、控除率を突破することが難しいジリ貧に陥ります（70〜80%前後に収束）。本書の中で何度も触れますが、「そこそこ当てているはずなのに、何故かマイナス収支」の状態が正にそうです。そこそこ勝っているつもりなのに、回収率80%。予想が上手ですごく勝っているつもりなのに、回収率95%。競馬あるあるです。

上記の理論に説得力を持たせるため、さらに踏み込みます。若い競馬ファンには馴染みはないかもしれませんが、全盛期だった武豊騎手が年間212勝を達成したとき（2005年）の単勝回収率を予想してみてください。

知らない方は「80%」を超える回収率を想像したと思います。答えは「66%」です。当時を振り返ると、武豊騎手が騎乗するだ

けで、どんなに弱い馬でも1桁オッズになるレースが多かったことを思い出します。ちなみに、ルメール騎手の単勝回収率は78%（2017年）、81%（2018年）、70%（2019年）、74%（2020年）、71%（2021年）、60%（2022年）と推移しています。この数字を見ても、リーディング上位の騎手や短期免許の外国人騎手を買いたいと思いますか？

　ちょっと極論に寄せますが、一般的に「上手くない」と言われる騎手が騎乗すればオッズは跳ね上がるので、騎手は誰が乗っても期待値は同じです。リーディング下位の騎手が乗る馬の中に妙味のある馬が隠れているならば、それに重い印を回せば高回収が見込めます。

　ルメール騎手は馬の能力を引き出すことはできても、馬の能力を高めることはできません。スピードのない馬を速く走らせることはできないし、コーナリングを矯正することもできません。F1ドライバーが軽トラで200km/hで走れるかと言われても、それは無理な話です。グランアレグリアやアーモンドアイは、単純に馬が強く、その能力をプレッシャーに強いルメール騎手が最大限に引き出しているだけのハナシです（ルメール騎手の真骨頂で、これが凄いのですが……）。2021年の京王杯SCではルメール騎手騎乗のタイセイビジョンが2番人気に推されていましたが、残念ながら、いくらルメール騎手でも、馬の競走能力を高めることはできません（結果12着）。特に、タイセイビジョンはコーナリングに難を抱えている馬なので、なおさらでした。

私はこれを捨てた④　　　　　　　　　血　統

　サラブレッドは、文字通り歴史の中で淘汰されてきました。優秀な遺伝子を選別して強い馬を生み出していくという意味では、競馬において血統が重要であることは言うまでもありません。例えば、

種牡馬を選定するためにクラシック競走やGIがありますし、種牡馬の格は種付け料でランク付けされています。しかし、血統だけで個々の馬の強さが決まるわけでありません。GI馬の「きょうだい」が期待されながらも、オープンクラスまで上がれないなんてことも、ザラにあります。

　何より、血統は覚えることが多すぎる上に、それによって馬券で成果を出せるかは疑問が残ります。それならば、血統を重視するよりも、レースを見て馬個体の能力を分析するほうが理にかなっていると考えます。

　また、良血馬が関係者や競馬ファンから期待されるということは、それだけ馬券が売れるということです。血統的に期待されるほど高いパフォーマンスを出せるかわからない上に、人気を背負うならば、馬券で利益を上げる観点からは無視するのが合理的と考えます。第3章以降で紹介しますが、経験上、即効性・実効性が高い「能力比較」「馬場読み」を突き詰めていくほうが、はるかに馬券収支が上向きます。

私はこれを捨てた⑤　　持ち時計

　距離別、競馬場別でその馬の持ちタイムは確認しますが、あくまでも参考程度です。競馬は天候や芝状態、枠順等様々な要素があるので、全く同じ条件のレースは存在しません。芝オープンクラスまで上がってくるような馬は、ほとんどが11.0前後のスピードで走れます。俗に言う「キレ負け」は、多くの競馬ファンが思っているほど起きていません。トーラスジェミニのように速いラップを刻むことが苦手な馬はいますが、例外中の例外です。

　参考程度に速い時計勝負が得意なのか、スローのヨーイドンからの上がり勝負が得意なのか、上がりがかかる消耗戦が得意なのか程度の分類はしますが、基本的にはあまり重視しません。それよりも、

第3章以降で説明するトラックバイアスに基づいて、「どこを通るのか？」「3、4コーナーでどのポジションにいる可能性が高いのか？」「前が残れるトラックバイアスなのか？」を考えるほうがはるかに大事です。

出走馬同士の細かい持ち時計の議論は、それぞれのレース施行条件がそもそも違うので、あまり意味を成しません。例えば、アーモンドアイが世界レコードで勝った2018年ジャパンカップでは、キセキが世界歴代2位のタイムでした。アーモンドアイについては、「ディープインパクトとどちらが強いだろう？」という議論の余地があると思いますが、キセキが世界歴代2位の馬か？と言われれば、「そうではない」とおっしゃる方が大半だと思います。

2018年11月25日　東京11R
ジャパンC（GI）芝2400m良　14頭立て

着	馬名	斤量	タイム	位置取り	上がり	人気
1	1 ① アーモンドアイ	53	2.20.6	3-2-2-2	34.1	1
2	5 ⑧ キセキ	57	2.20.9	1-1-1-1	34.7	4
3	7 ⑪ スワーヴリチャード	57	2.21.5	5-5-4-4	34.7	2
4	6 ⑨ シュヴァルグラン	57	2.21.5	7-7-6-6	34.5	5
5	4 ⑤ ミッキースワロー	57	2.21.9	13-13-13-13	33.9	8

同様に、マイルで世界レコードを叩き出したトロワゼトワル（2019年京成杯オータムハンデ、1分30秒3）は、グランアレグリアやアーモンドアイ、インディチャンプよりも強いでしょうか？また、スプリントで日本レコードを叩き出したテイエムスパーダ（2022年CBC賞、1分05秒8）は、斤量差があったとは言え、ロードカナロア級のスプリンターでしょうか？ ほとんどの方は「そんなわけないじゃん」と答えると思います。

上記で挙げたように、「じゃあ、どこからどこまでが例外なの？」というハナシでしかなくて、持ち時計は参考値でしかありません。

第3章で言及する「能力比較」「馬場読み」のほうがはるかに大事なファクターで、「持ち時計」は迷ったときに考慮に入れる程度で十分と考えます。

私はこれを捨てた⑥　　　　　　　　　　　　**馬体重**

　馬体重については、基本的に無視しています。

　レース当日は、「①トラックバイアス」「②オッズの動向」を注意深く見ます。①②は馬券を買う上で最上位クラスに位置するファクターです。これらをレースが行われる昼過ぎまでに分析できれば、その時点で馬券を買います。しかし、「馬体重」は、私にとって①②のファクターよりもはるかに重要度が低く、見る意味が見出せないため見ないようにしています。

　競馬場やWINSにいると、馬体重の発表で場内がどよめきます。「プラス20キロは太い！」「狙っていたのにマイナス体重かよ……」。様々な声が飛び交います。例えば、2022年AJCCで◎を打ったマイネルファンロン（11番人気2着）ですが、前走に続いて過去最高馬体重で出てきました（490kg 前走比+4kg）。Twitterで流れてきたのは、「仕上がってねえな」「これじゃ買えないよ……」「迷っていたけど、これで消せる」。ネガティブな声が飛び交いました（この時点で、既に玉嶋は馬券を買っていました）。オッズはあっという間に上昇し、60倍前後だった単勝オッズが65倍、70倍、80倍……最終オッズは87.9倍でした。この時、私は「期待値が上がったな。シメシメ」と思いました。

「馬体重は仕上がりのバロメーター」であることは否定しませんし、その通りだと思います。一方で、どうでしょうか？ 例えば、前走から馬体重が大幅に減っている場合に、それがバリバリ調教をやって痩せたのか、カイ食いが落ちて痩せたのか、あるいは別の理由なのかはレースになってみないとわかりません。それでも大幅な増減

には競馬ファンが過剰に反応してオッズが乱高下します。自分も同じように踊らされていたら、控除率を突破できません。だから、馬体重は見ないほうが良い、というのが私の結論です。

余談ですが、馬体重の増減って、結局自分の都合の良いように処理できてしまうという落とし穴があります。

馬体増　推し➡成長分　消し➡太い
馬体減　推し➡メイチ　消し➡調整失敗

私の場合ですが、馬体を見ても良いのか悪いのかあまりよくわかりませんし、煽動した挙げ句、ミスリードしてしまう恐れがあるので、一切善し悪しは言及しません。

私はこれを捨てた⑦　　　　　　　　常識・格言

競馬には「常識」と呼ばれていることがあります。例を以下に示します。

▸▸夏は牝馬
▸▸長距離、GⅠは騎手で買え
▸▸叩き2走目は買い

しかし、本当にそうでしょうか？ これらを自分なりに検証します。

▸▸夏は牝馬
夏は全体的に野芝の生育状態が良好であるため、馬場が荒れにくく、トップスピード優位のタイプが有利です。その結果、牡馬と比較して相対的にトップスピード優位のタイプが多い牝馬が活躍しやすい傾向があります。一方、夏であっても、洋芝が使われ起伏もあ

る函館で牝馬が活躍しづらいのは、パワーが求められる傾向が強いからだと考えられます。

結論

つまり、「夏は牝馬」というより「トップスピード優位の馬場は牝馬」と捉えるべきなのです。牝馬は、クロノジェネシス、リスグラシューら一部の例外を除いて、耐久力型のレースを苦手とします。そのため、夏であっても耐久力型のレースでは割引く必要がありますし、冬であってもトップスピード優位の馬場なら狙いが立ちます。

また、トップスピード優位である夏競馬において、高齢馬がなかなか好走できず、勢いがある若年齢の馬が活躍しやすいのも、同様の理由です。他の章でも触れていますが、高齢になればなるほど、スピードの衰えが顕著になっていきます。8歳でGI初制覇（天皇賞秋、マイルCS連勝）したカンパニーのように、加齢に関係なく上がり最速で差してくる馬もごく稀にいますが、一般論ではレアケースです。スピード最優先の夏競馬、開幕週の野芝等は、迷ったら、活きの良い若年齢を優先するのが定石です。

ただし、近年は、馬場造園課の尽力によって、年間通じて良好な馬場状態でレースが施行されることが増えてきました。したがって、ここで挙げている「耐久力」の重要性も、徐々に失われてきていることを頭の片隅に置いておいてください。

➡ 長距離、GIは騎手で買え

長距離やGIレースは、上手い騎手が騎乗したほうが勝つ可能性が高いのは事実です。例えば、2019年菊花賞はインをロスなく回ってきて、4コーナーの下り坂を上手く利用して立ち回ったワールドプレミア（武豊騎手）が優勝しました。

若手騎手や、リーディング上位でない騎手が長距離やGIのレー

スを勝つことは容易ではありませんが、勝ちたいのはみんな同じですし、若手騎手だからGIを勝ってはいけないというルールはありません。全陣営が勝つことを期待してレースに送り出しています。「○○騎手はGIで勝ったことがないから買えない」という意見をよく聞きますが、GIを勝ったことがないのはレース前までの事実であって、レース後にはGIジョッキーになっている可能性だってあります。リーディング上位の騎手は総じて人気を集めますが、若手騎手が騎乗することでオッズが跳ね上がるのであれば、私は積極的に狙います。

結論 ✕

➡叩き2走目は買い

　私が競馬を覚えた「ダビスタ」では、確かに大事な要素でした。しかし、実際の競馬では、休み明けで中途半端に好走した後の叩き2走目は過剰に人気するケースが多いので私は嫌います。

　例えば、長期休養後、2020年ジャパンカップ→有馬記念のローテーションだったワールドプレミアは、有馬記念で過剰な人気を背負いました。菊花賞馬が有馬記念で相性が良いという過去データが影響したと考えられます。しかし、この馬は有馬記念で要求されるコーナリング能力が低かったので買い目から消し、想定通り凡走しました。

　同様の論理で、2走ボケも客観的根拠に乏しく、議論する余地がありません。

結論 ✕

　このように、常識とされていることを自分なりに検証してみることをお勧めします。それが正しいかどうかは問題ではありません。

上記で挙げた例も「それは違うだろ」という見解もあるかと思いますが、自分で考えることに意義があります。これにより競馬の分析力・馬券力が向上します。「1番人気は、過去5年で馬券に絡んでいない」「6歳馬には厳しい」「牝馬は来ない」等。「なぜ、そうなったのか？」を考える態度・姿勢が大事だと考えます。

私はこれを捨てた⑧　　根幹距離・非根幹距離

　レースの距離を語る上で「根幹距離」「非根幹距離」がよく議論されます。根幹距離は1200m、1600m、2000m、2400m等、400mで割り切れる距離で、非根幹距離はそれ以外です。一般的に根幹距離は消耗戦、耐久力戦、非根幹距離はゆるゆるの瞬発力戦になりやすいと言われていますが、本当にそうでしょうか？

　非根幹距離のレースはそもそもトライアル系のレースが多く、チャンピオンを決めるGⅠでは少ないです。もう少し踏み込んで言うと、非根幹距離で施行される3000m未満の芝GⅠは宝塚記念、エリザベス女王杯、有馬記念です。エリザベス女王杯はさて置き、宝塚記念、有馬記念がゆるゆるの展開になることは稀です。ラップがほとんど緩むことなく、「耐久力」「馬力」が要求されるレースになるのが通例です。非根幹距離のレースでゆるゆる展開が多いのは、トライアル系のレースであることが起因しているのであって「非根幹距離」が理由ではありません。GⅠのほとんどが根幹距離で施行されるからそういう印象を強く持ってしまうのが本質ではないでしょうか？

　それよりも出走メンバーを見て、途中のラップが緩みそうなのか、大逃げする馬が淀みのないラップを刻むのかを考えるほうがよっぽど大事です。

　ここからは余談です。中山記念（中山GⅡ1800m）、阪神カッ

プ（阪神ＧⅡ1400ｍ）、京都記念（京都ＧⅡ2200ｍ）がＧⅠで
あれば、タフな展開になると推測できます。どんなに疲労を溜めよ
うが、その後のローテーションに支障が出ようが、後先考えずに叩
き合って目先の勝ちを追求するのはＧⅠだけです。例外を除いて、
ＧⅠを勝った牡馬は種牡馬への道が拓かれます。ジャパンカップ
を勝ったスクリーンヒーローは、あのレースを勝っていなければ種
牡馬になれていなかったと推察します。もし、種牡馬になれていな
かったら、モーリスは生まれてきませんでした。ちょっと脱線しま
したが、ＧⅠはそれくらい特別です。

私はこれを捨てた⑨　　　　長距離輸送

　よく話題に上がる「輸送」のハナシ。

　下級条件では、輸送するメリットがあまりありません。関東馬な
らば「東京」「中山」、関西馬なら「阪神」「京都」「中京」が一般的
です。オープンクラス、重賞まで上り詰めると「全国大会」の様相
が強くなるため、言うまでもなく長距離輸送が増えます（関東馬→
関西遠征、関西馬→関東遠征）。長距離輸送の影響があることは否
定しませんが、能力の問題のほうがはるかに大きいケースが少なく
ありません。クラスが上がるほど、相手も強くなるのは言うまでも
ありません。オープンクラスに上がって「長距離輸送」で惨敗する
ケースは、単純に能力自体が通用せずに負けている可能性がありま
す。したがって、輸送があったからと言って、そこに敗因を求める
べきではないと考えます（短絡的に、敗因が長距離輸送にあったと
考えるべきではない）。

　人間の場合だと、全日本選手権の100ｍ競走で、日本記録で優
勝した選手が、海外で行われた世界陸上で決勝まで残れなかった場
合に、「輸送（飛行機）がダメだった」とは誰も言わないですよね？
だから、輸送を考慮する以前の問題で、レースレベルを考慮すべき

です。例えば、以下のようなケースは、競馬ではザラにあります。

美浦所属　アストンタマチャン
①新馬戦：1着　圧勝（東京1600m）
②東京スポーツ杯2歳S：1着　圧勝（東京1800m）
③朝日杯FS：4着（阪神1600m）

この場合、朝日杯の負けを「輸送負け」と言う人がいますが、本当にそうでしょうか？　多角的に検証するならば、①②③のレース内容を精査すべきで、③が初の輸送競馬であったから負けてしまったと断定するのは早計です。

もっと踏み込んで言うと、それって本当に合っているのでしょうか？　合っているか、合っていないかは別として、いつ何時でも「輸送競馬だから……」の論理を引き出すでしょうか？　たまにしか引き出さないのならば、「ご都合主義」「ポジショントーク」と言わざるを得ません。それって、はたして「論理的」「再現性の高い」予想でしょうか？

私はこれを捨てた⑩　　過去10年データ

過去10年のデータがまとめられている情報がありますが、私は見ません。過去のレースが今回と同じ条件（天気、馬場状態、ペース、出走馬のレベル）とは限らないですし、ディープインパクト産駒がたまたまそのレースを多く勝っただけなのか、よくわからないからです。そもそも試行回数が少なすぎて参考になりません。

私はこれを捨てた⑪　厩舎コメント・調教・パドック・勝負気配

まず、厩舎コメントについてですが、競馬新聞にはポジティブな

コメントばかりが並び、ネガティブなコメントはほとんどありません。ビッグレースであればあるほど、その傾向に拍車がかかります。陣営にとっては、馬主に対してアピールする絶好のチャンスです。調教師が「仕上がっていない」などと発言したら、馬主はどういう印象を抱くでしょうか？ 馬主は社会的に成功を収めた経営者が多くシビアです。ネガティブなコメントは、馬主に「この調教師に管理を任せたくない」等のマイナスな印象を抱かせるリスクが高いため、迂闊に発信できないと考えるのが自然です。厩舎コメントでは、あまりに影響力が大きいため、なかなか本音を拾えないと考えます。

　調教は、あくまでも調整の場であり、レースと異なり100%の力で走っていないことがほとんどです。したがって、調教から読み取れる情報は極めて限定的であり、そこに多大な時間と労力を掛けるのは得策ではないと考えています。

　次に、パドックです。パドックは本当に難しく、16頭立てならば全ての馬の過去パドックを頭に叩き込んでおく必要があります。過去のレース映像も見て、パドックも見るのは、現実的に不可能です。だから、私はパドックを捨てました。捨てた理由は、以下の通りです。

①馬が周回している様子を見ても良いのか悪いのかよくわからない。

➡極めればわかるのかもしれないが、恣意的な判断が入りやすい。

②パドック時点で予想印をほぼ確定させているのに、中立的な立場でパドックを見る自信がない。

➡パドックは、メインファクター「能力比較」「トラックバイアス」よりも重要度が低い。パドックを見たところで、それらを覆すほどのインパクトはない。それならば、見る必要がない。

③解説者のコメントに流されてしまいそう。

➡それならば、聞かないほうがマシ。

④無印の馬が無性に気になり、買い目に追加したくなる衝動を抑え

る自信がない。

➡テレビショッピングと同様、見れば根拠もなく買い目を増やしたくなる。それならば、見ないほうがマシ。

⑤パドックの時間に都合よく30分の時間を確保できるかわからない。

➡「見られるときだけ見る」というのはご都合主義で、再現性がない。目指しているのは、予想から馬券を買うまでのルーティン化。馬券は実務なので、「やれるならやる」ファクターは不要。不要ならば、初めからやらないほうが良い。

　最後に、「勝負気配」「本気度」「外厩」。よく競馬新聞に並ぶ文言です。しかし、どうでしょう？　そんなことは、馬は知ったことではありません。景気の良い文言が並んでいる競馬新聞が出回っているときは過剰人気の典型です。他にもっと、買える材料があるはずです。

　余談ですが、報道について触れたいと思います。2021年秋華賞では、惨敗したソダシは歯が折れて惨敗したと報道されました。2022年高松宮記念では、ダイアトニックがファンの大声で驚いてエキサイトして惨敗したと報道されました。いずれも事実ではなかったようです。また、GⅠで人気馬が落鉄したということが過剰に報道されますが、どの程度の影響があったのかは我々には量れません。本章の結びですが、マスコミや多くの競馬ファンが過剰に反応している情報に反応すれば、それは即ち控除率に呑まれる方向に向かうということです。経験上、そういう情報には耳を傾けないほうが良いと思います。

COLUMN

プロアマの壁　料理

　競馬にプロアマがあるのと同じように、異業種にもプロアマがあります。例えば、料理。私は休日に、家族を喜ばせようと食材を買いに出掛け、料理をすることがあります。作った料理を「最高のデキだ」意気揚々と家族へ。

　妻は「美味しい」と言ってくれましたが……。「これくらい良い食材を集めて手間をかけたら、もう少し良いものが作れるよね」妻がボソッと言いました。妻は、お金をもらって料理をするプロであり、プロの厳しい目線でレビューをくれました。

　当たり前と言えば当たり前ですが、プロとして料理をする人は、お金をもらって料理しており、美味しいものを作って当たり前。

　そう言えば、プロの予想屋は、自分、抱えているスタッフの生活を懸けて競馬の予想をしています。「プロとアマチュアは、同列で扱ったらいけない。競馬も同じだよな」ふと、そんなことを思いました。

合理化の徹底

▶▶ 中核を決める ◀◀

競馬の教科書

競馬の教科書
発想を変えるだけで回収率は上がる

最優先は実効性の高さ

　第2章では、「私が捨ててきた」ファクターについて言及しました。捨ててきたファクターの共通点は、覚えるのに多大な時間がかかったり、労力がかかる割に馬券収支に直結しにくかったりすることです。要は、私にとって効率が悪いのです。本章では、私が最優先にしている実効性の高いファクターや、競馬の取り組み方について説明します。

適正価格を見極める

　唐突ですが、貴方は牛丼チェーン店（以下「牛丼屋」）に来ました。そこでは、何を期待しますか？ 想像しながら読み進めてください。せいぜい味噌汁と生野菜をセットにした500円の牛丼ではないでしょうか？ 私はそれを期待して牛丼屋に行きます。一方で、どうしても射止めたい女性とデートで行く高級焼肉店では20000円出しても惜しくないのではないでしょうか？ なぜなら、それだけの価値があると思ってお金を払っているからです（女性読者の方、ごめんなさい。男目線で書きました）。

　しかし、競馬ではどうでしょうか？ 低いオッズに「俺も！」「私も！」とブチ込んでいるのをよく見かけます。集団心理「みんなで渡れば怖くない」の論理でしょうか？ 私見ですが、「青信号だと思って、みんなで渡れば大事故」になるのが競馬だと思います。手堅く的中できれば良いですが、万一失敗したら、回収不能な痛手を負ってしまいます。むしろ、競馬では「赤信号を独りで渡るメンタリティ」が大事です（※実生活でこれをやったら、道路交通法違反です。絶対にやめてください）。そのためには、常に適正価格を意識する必要があります。

　例えば、サリオスについては毎度シビアに評価しています。この

馬に特に恨みはないですし、朝日杯FSを勝っているので、そこは素直に評価しています。しかし、問題はオッズ。2021年安田記念に出走した際の単勝7.9倍は高い買い物ですし、懐疑的な見方をしていました（結果8着）。その後も上位人気に支持されていましたが、2022年安田記念ではようやく適正なオッズに落ち着いてきたため、3着候補で印を回しました（単勝8番人気・15.7倍→3着）。サリオスの能力は、2021年から大きく変わっていませんが、2022年安田記念に向かって徐々に人気がなくなってきたため、馬券妙味が発生したので、△評価にしたということです。

サリオスの戦績

※2020年11月末時点

日付	レース名	コース	単勝オッズ	人気	着順
2019/6/2	2歳新馬	東京芝1600良	3.2	2	1
2019/10/5	サウジアラビアRC(G3)	東京芝1600良	1.5	1	1
2019/12/15	朝日FS(G1)	阪神芝1600良	2.0	1	1
2020/4/19	皐月賞(G1)	中山芝2000稍	3.8	3	2
2020/5/31	ダービー(G1)	東京芝2400良	4.4	2	2
2020/10/11	毎日王冠(G2)	東京芝1800稍	1.3	1	1
2020/11/22	マイルCS(G1)	阪神芝1600良	4.1	2	5
2021/4/4	大阪杯(G1)	阪神芝2000重	5.8	3	5
2021/6/6	安田記念(G1)	東京芝1600良	7.9	3	8
2021/11/21	マイルCS(G1)	阪神芝1600良	9.5	3	6
2021/12/12	香港マイル(G1)	シャティ芝1600良	8.8	3	3
2022/3/27	高松宮記念(G1)	中京芝1200重	10.7	4	15
2022/6/5	安田記念(G1)	東京芝1600良	15.7	8	3
2022/10/9	毎日王冠(G2)	東京芝1800良	3.0	1	1
2022/11/20	マイルCS(G1)	阪神芝1600良	6.2	3	14

重要な予想ファクターは?
キーワードは差別化

　勝ち組への特急券は、他者と差別化できるファクターに着目することです。多くの競馬ファンが知らない情報を自分だけが知ることができれば、自分だけが妙味のある馬券を的中することができます。大穴で「こんなの買えないよ」という人が多いなかで的中できれば、プラス収支に大きく近付けます。逆に、多くの競馬ファンが群がる馬券に手を出してしまうと、的中できても控除率の壁を突破することは困難です。

　では、その差別化できる重要なファクターとは何でしょうか? それは「トラックバイアス」と「能力比較」です。

重要と考えるファクター①　　　　　　　　**トラックバイアス**

　まず、なぜトラックバイアスに着目したかについてお話をしたいと思います。

　競馬新聞(スポーツ紙含む)の印は、いつ打たれたものでしょうか? 金曜日の時点で記者が打った印であり、無論、枠順すら確定していません。トラックバイアスがわからない状態で印刷に回さないと、流通に間に合いません。その状況で、新聞社は「トラックバイアス」の重要性について言及できるでしょうか? 大事だということを認識しつつも、それに言及するということは、自社の商品に対する否定を意味します。新聞を出す時点の予測で内外どちらが有利かを言及してはくれますが、レースを見る機会が少ない状況で印を打っていることに変わりありません。

　一方で、我々は朝の1Rからレースを見て馬場状態を確認することができるという大きなアドバンテージを持っています。しかし、大手メディアは、その見方についてあまり詳しく解説してくれませ

ん。その詳細については、第7章で解説します。

重要と考えるファクター② **能力比較**

　前項「トラックバイアス」と同列で大事なのが馬個別の「能力比較」です。言うまでもなく、競走馬のなかにはほぼパーフェクトな成績を残して大種牡馬になるディープインパクト…（1）のような馬もいれば、未勝利戦を勝てず引退あるいは地方競馬へ移籍する馬…（2）もいます。ちょっと極端ですが、（1）と（2）が同じ条件で走れば、（1）が勝つだろうということは初心者でもわかると思います。意外とこの感覚は大事です。

　初心者の頃を思い出してみてください。「この馬は前走勝っているのに、なぜ人気がないのだろう？」「AとBは前に対戦してAが勝っているのに、なぜBのほうが人気なの？」「適性って何？」と思ったことはないでしょうか？　これらの感覚は意外と正しくて、競馬にちょっと詳しくなってくると、なんとなく「適性」等について語り、玄人っぽく見解を話したくなるのが人情です。「適性」については、能力比較をすっ飛ばして議論されることが往々にしてありますが、私の経験上、適性を優先した予想は精度が低いです。競馬予想の基本は、能力優先。適性の議論は、能力比較をして迷ったときに登場させるくらいの感覚でちょうど良いと思っています。

　上記で挙げた「トラックバイアス」「能力比較」で予想はほぼ完了です。それ以外に必要なスパイスが「コーナリング」や「加速力」等のファクターです。間違えてはいけないのが、「コーナリング」「加速力」等のファクターを優先してはいけません。大事なことなので何度も言いますが、「トラックバイアス」「能力比較」が最優先であり、これらを超えるファクターはありません。

目指す予想は「最高の普通」
夏競馬でも、やることは同じ

　予想で大事なことは、「トラックバイアス」「能力比較」2つのファクターを核として扱い、毎週粛々と同じことを繰り返していくことです。

　例えば、夏競馬になると「調子を崩した」「収支がボロボロ」という方が必ず現れます。何が問題なのでしょうか?

　多くの競馬ファンは「夏競馬は荒れる」と思っているため、オッズがとにかく割れやすいのが夏競馬の特徴です。また、夏競馬のほうが比較的コアなファンが多いこともあり、馬券購入者のレベルが全体的に高くなります。したがって、オッズは渋くなることが多く、勝負できる機会は春秋のGⅠシーズンよりも限定的になります。そうなると、そこそこ荒れていても配当が低く、控除率に呑み込まれる可能性が高くなります。当然のことながら、ここで無理して毎週毎週穴を狙って勝負しにいくと、収支がボロボロになりやすいというわけです。

　本書では、時期によって戦略を変えることはお勧めしません。夏だろうと、秋だろうと、冬だろうと、毎週粛々と同じことを繰り返します。週中は各馬の能力比較を徹底的に行い、週末にトラックバイアスを確認して、オッズが割に合う買い目だけを買います。決して奇をてらわず、「最高の普通」を目指します。

再現性のある予想
理論は単純化・体系化すべき

　競馬は難しい。そして、難しいことを訳のわからない複雑なファクターで説明しようとするから、余計に競馬が難しく感じます。また、複雑にすればするほど難しくなるので、間違った方向に進んでいることに気付きにくい状況にも陥ります。できるだけ理論を単純

化したほうが理解しやすい上に、間違いにも気付きやすくなります。

　もう少し踏み込んで言うと、複雑にしすぎると、再現性の低い予想となってしまうリスクをはらみます。ある時は「血統」、ある時は「調教」、ある時は「馬体重」……挙げていけばキリがありませんが、都合の良いときに都合の良い論理を取り出してくる予想は「ポジショントーク」「ご都合主義」と言わざるを得ません。だからこそ、先に紹介した核となるファクター「トラックバイアス」「能力比較」を中心として予想を構築していくべきであると考えます。そこで結論が出るならば、予想はそこで終わりです。

　例えば、ディープインパクト級の馬が小倉や函館で走った場合、相手が「小倉巧者」「函館巧者」であっても勝つ可能性が高いでしょう。圧倒的な能力差の前では、適性は無力です。適性は、能力が拮抗している場合に初めて意味を持ちます。そうならない場合もごく稀にありますが、それに期待し続けて馬券を買い続ければ、あっと言う間に収支は悪化します。

　まずは「トラックバイアス」と「能力比較」。そこで迷ったら優先度の低いファクターも取り出してくるのが私の予想手順です。手順を決めておけば、一定以上の再現性が担保できます。再現性のない予想は「正しかったかどうか？」フィードバックができず、永遠に進歩しません。

　私のメインファクター「トラックバイアス」「能力比較」については、至ってシンプルです。

▶レースに出ていた馬のレベルはどうだったか？
　（前後のレースの成績で序列を付ける）
▶そのレースでは、馬場のどこを通った馬が好走したのか？
　（内有利？ 外有利？ 内外フラット？）
▶今日の馬場の状態・トラックバイアスはどんな状況なのか？
　（先行有利？ 差し有利？）

「え？ これだけなの？」と思った方へ。本当にこれだけです。私は「第2章 働き方改革 不要を捨てる」で言及した通り、不要と割り切っている「追い切り」「パドック」「血統」等のファクターは一切見ません。これらのファクターで勝っている方がいらっしゃることも知っていますし、大事なこともわかっています。それでも一切無視です。競馬は受験勉強の攻略と似ている側面があります。100点満点は初めから狙う必要がなくて（狙ったところで無理だし）、「高い頻度で及第点を取れる予想を目指せば良い」というのが私の考え方です。及第点を目指すのに効果が出やすいのが「トラックバイアス」と「能力比較」。コツさえつかめば、誰がやっても大体同じような予想になります。

　例えば、取り組んでいるレース数は全く違うものの、『競馬の教科書 別冊』で対談した予想屋マスター（年間2000R予想）と玉嶋（年間100R予想）が同じレースで見解を書けば、8割方は同じです（着眼点が、ほぼ同じ）。問題・課題は、やはり時間。年間2000レースを予想しようと思えば、1時間／Rだとしても2000時間必要です。日本人の平均労働時間は1680時間と言われていますから、専業で競馬に取り組まなければ無理だということがわかります。それって現実的ではないので、第1章、第2章で言及した通り、取り組むカテゴリー（例えば、芝オープン）を絞り込む必要があるわけです。

予想と馬券は切り離せ！

「予想」は先述したような基本のファクターを使ってオーソドックスに行います。予想の段階はあくまでも「予備検討」であり、「オッズ」「トラックバイアス」等の細かいところまでは考えません（週末まで、考えたところでわからないから、考えても仕方ない）。「1着候補」「2、3着候補」「消し」の印を粗く打っていき、最終決定は週末まで持ち越します。この段階で「この馬だ！」と決めてしまうと、後

戻りできなくなってしまいます。週中に追い込み馬のAという馬に早合点で◎を打ってしまい、週末にはその馬しか見えない（盲目的）状況に陥ってしまい、そのまま心中して撃沈という経験はないでしょうか？

　ちょっと脱線しますが、学生の頃に意中の女性と海に行く約束をしていました。台風が接近し、構わず決行しようと試みましたが、「玉ちゃんって、バカなんだね」と言い残し、その女性は去っていきました。今思えば当然の結果です。競馬では、そうなりたくないものです。

　ちょっと脱線しましたが、予想では、純粋に各馬同士の能力を相対評価すべきで、そこに「オッズ」の要素を入れてしまうと、途端に予想が濁ります。まずはシンプルに「馬の能力比較をしっかりやりましょう」がオーソドックスな予想であり、オッズは週末にトラックバイアスとともにチェックして、馬券を組み立てる際に考えることを推奨します。

　週初めにnetkeiba等で予想オッズを確認する作業は私もやっているので、絶対に見るなとは言えませんが、予想の段階でオッズの要素は一切入れていません。シンプルに、「1着の可能性があるか？（その可能性は、高いか？ 低いか？）」「差し損ねて2着以下か？」「逃げても捕まって2着以下か？」「コーナリングや加速力に難を抱えているから、2着以下か？」「そもそも、能力があまりに劣っているから、圏外濃厚か？」。週中はこれを考えています。オッズもトラックバイアスもわからない段階で、予想オッズを見て「この馬が面白そう！」「この条件を待っていた！」「叩き2走目を狙っていたんだよ！」。これって、予想になっていないし、馬同士の能力比較にもなっていません。

　次に「馬券」です。「第4章 必勝ルーティン 単調を繰り返す」と「第11章 馬券戦略 高回収に仕上げる」で詳述しますが、先述した「予想」をベースに馬券の買い目を検討します。ここで大事なのは、予

想した中で、期待値の高い買い目だけを買うということです。当た
りやすいから、自信があるからと言って、安い配当の買い目に手を
出すのは得策とは言えません。配当の安い買い目は恣意的な判断(割
り切り) を入れて消します。予想が上手いだけでは、馬券で勝つの
は難しいのです。

第4章

必勝ルーティン

▶▶ 単調を繰り返す ◀◀

競馬の教科書

どうやって競馬と付き合っていくか?

　第1章～第3章では、アマチュアである我々がいかにして効率的かつスキマ時間を活用しながら競馬に取り組んでいくか?について言及しました。本章では、その立ち位置のもと、具体的にどうやって競馬と付き合っていくか?について、私の取り組み方をベースに言及します。

　家庭を持っているサラリーマンが、どうすれば現実的に競馬に取り組んで勝てるか?を突き詰めて考えました。平日の昼間は本業に勤しんでいるため、ほとんど時間がないと思います。さらに、休日である土日は家族サービスもしなければいけません。したがって、競馬のことを考える時間は「平日＝1時間／日」「土日＝スキマ時間」くらいが現実的なラインでしょうか? この条件でどうやって戦っていくかを徹底的に突き詰めていったのが本書の立ち位置です。

　第2章で言及した通り、本気で競馬で勝とうと思うならば、条件の良いレースを選びながら、その選んだレースでプロと同等の予想、馬券を組み立てていくのが現実的なラインです。条件の良いレースを自由に選べるのは、優位性以外の何物でもありません。第1章でも言及しましたが、麻雀で配牌の良い局だけ卓に入る。麻雀では許されませんが、競馬では許されます。

　ここでは、徹底的に毎週同じことを愚直に繰り返すことを念頭に、競馬とのつき合い方を書きます。

▸前週の結果は関係なく、毎週が独立試行。前週当たったから「強気」に? そんなものは関係ない。前週当たろうが外れようが、粛々と取り組むべし。前週勝ったからと言って、レートを上げるなんて論外。毎週毎週、身の丈に合ったレートで取り組むべし。

▸流れ？ スランプ？ そんなものはない（運、不運はあるけど）。マンガを読みすぎ。

▸手を抜けば抜くほど、自分の予想に自信が持てなくなり、守りに入るのは言うまでもない。「ここまでやったのだから、俺は勝てる」メンタリティを持つことが大事。

▸毎週毎週、悩み抜いてベストの予想を出し続けているから、どんな結果でも、うなだれる必要はない。競馬の結果など、所詮は水物。馬券購入者には、競馬の結果はコントロールできない。

▸「結果が全て」とは言うものの、結果を出すために常にベストの予想を出し続ければ良い。結果が悪いのならば、良くなるように軌道修正をすれば良い。

▸「このレースは自信がある」なんて、まやかし。「自信」は、過去の実直な積み重ねから得られるもの。

　以上を踏まえながら、私が実際に行っている曜日ごとのルーティンを紹介していきましょう。

月曜日

　月曜日には、今週末に施行される特別登録のレースをチェックします。芝オープンのレースはせいぜい4レース。登録馬を確認し、netkeiba.comのサイトで予想オッズを確認します。ただし、この予想オッズはあくまでも参考程度。そして、この時点で、どのレースを予想するかを絞り込み、期待値の高いレースに狙いを定めます。全てに参加しても良いですが、予想の効率を考えると、できるだけ

レースを絞って資金を集中投下したほうが検討時間の効率が良い上に、回収率を上げられます。要は、選択と集中です。例えば、4レースに参加すると仮定すると、ザックリ60頭くらい個別分析をしなければなりません。1頭に30分程度の時間をかけるとすると、30時間です（1日5時間）。現実的に、これほどの時間を捻出するのは難しいのではないでしょうか？

　さらに、私は週中予想で、ああでもない、こうでもないと考えながら予想します。複数のレースでこれを実践すると注意が散漫になって、掘り下げた予想をすることが難しくなります。だから、私は1週間に1レース（余裕があれば2レース）で勝負することにこだわります。

　例えば、2021年香港国際競走が行われた週は、勝負レースを香港スプリント（◎スカイフィールド・単勝35.6倍）に絞りました。理由は、香港スプリント以外のレースは、日本馬や能力断然の馬が中心で、期待値以前に強い馬が勝つ可能性が高かったからです。香港ヴァーズはグローリーヴェイズ、香港マイルはゴールデンシックスティー、香港カップはラヴズオンリーユー、ヒシイグアスが強く、期待値と的中のバランスを上手く確保できないと判断しました（※この章の最後で海外競馬の狙い方を詳しく解説します）。また、同日にJRAで行われた阪神JFも同様の理由で見送りました。

　特別登録があるレースにこだわる理由は、平場のレースは木曜日の夕方にならないと出走馬がわからないからです。特別登録である程度出馬表の想定ができれば月曜日からスキマの時間を使って予想できますし、競馬に専業でない方でも現実的に実践可能です。一方、平場のレース場合、木曜の夕方が予想のスタートとなってしまうので、土日が競馬漬けの生活になってしまいますよね。

2021年12月12日　シャティン5R
香港スプリント（GI）芝1200m良

着		馬名	性齢	斤量	騎手	タイム・着差	単オッズ	人気
◎	1	⑥ スカイフィールド	セ5	57	シン	1.08.66	35.6	9
	2	⑫ レシステンシア	牝4	55.5	スミヨン	3/4	4.4	2
◎	3	⑪ クーリエワンダー	セ4	57	モレイラ	1.1/2	11.9	5
◎	4	① ホットキングプローン	セ7	57	ムーア	2	29.1	8
◎	5	⑩ ストロンガー	牡5	57	ホー	4.1/4	75.2	11
◎	6	⑦ コンピューターパッチ	セ5	57	レーン	4.1/2	53.9	10
	7	④ ウェリントン	セ5	57	バデル	7	12	6
	8	③ ダノンスマッシュ	牡6	57	川田	70.1/4	6.5	4
	中	② ピクシーナイト	牡3	57	福永		2.8	1
	中	⑤ ラッキーパッチ	セ5	57	パートン		4.9	3
◎	中	⑧ ナブーアタック	セ5	57	ティータン		18.9	7
◎	中	⑨ アメージングスター	セ7	57	ヒューイットソン		173.9	12

単勝3,560円　複勝630円 170円 350円　馬連10,060円
ワイド3,070円 2,900円 1,280円　馬単27,700円　三連複25,040円　三連単306,220円

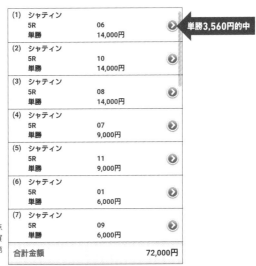

(1)	シャティン 5R 単勝	06 14,000円	単勝3,560円的中
(2)	シャティン 5R 単勝	10 14,000円	
(3)	シャティン 5R 単勝	08 14,000円	
(4)	シャティン 5R 単勝	07 9,000円	
(5)	シャティン 5R 単勝	11 9,000円	
(6)	シャティン 5R 単勝	01 6,000円	
(7)	シャティン 5R 単勝	09 6,000円	
合計金額		72,000円	

香港スプリントは単勝多点買いで的中。単勝多点買いをする理由については第11章で解説します。

　月曜日に予想すると決めた「特別登録」のレース予想をしていきます。まずは、出走予定馬の詳細なチェックをします。初めにチェックすべきは、馬個別の能力分析です。具体的には、その馬が戦ってきた相手関係。「戦ってきた相手の前後の成績」を見ていくことで、その馬の能力が見えてきます。着順は素直に評価して、トラックバイアスや展開を考慮して、着順通りの評価で良いのか、あるいは展開次第で逆転があるのかを考えていきます。

　次に、各馬の過去レースの競馬場ごとの戦績、距離別の戦績、馬場状態別の戦績、クラス別の戦績、持ち時計、上がりタイムをチェックします。ここで、各馬の得意・苦手な条件が見えてきます。例えば、「右回り、坂が苦手」「2000m前後が得意」「重馬場は苦手」「オープン特別では上位でも、GⅢ以上だと苦しい」「2000mの持ち時計は1分58秒5（良）」「上がり勝負が得意」「最終コーナーで外側から被せられると走る気を失くす」等です。

　このとき、レース映像を必ず見なければなりません。レース映像を見なければ、内が有利だったか？ 外が有利だったか？ また、その馬のコーナリング能力やキャラ（揉まれ弱い、掛かりやすい等）を見極めることができません。3、4コーナーから直線へ抜け出すときの脚が他馬より相対的に速ければ、その競馬場が得意である可能性が高いです。逆に、モタついていれば苦手である可能性が高いです。「第6章 レース映像 現場を検証する」でも触れていますが、コーナリングは立回りを判断する上で非常に重要です。さらに、コーナリングは定量評価できないため、他者と差別化することができます。指数やAIではコーナリングを評価できないので、それを逆手に取って貴方だけがその情報を持てば良いのです。

　各馬の得意・苦手な条件をチェックし終わったら、施行される条件のレースで狙えそうな馬に暫定印を打ち、逆にこの馬は拾わな

くて良いと考えた馬は消します。ただし、この時点では「この馬は、1着候補として良いかな？」くらいの結論に留めます。この時点で「この馬だ！」と決めつけてしまうのは時期尚早です。思考が凝り固まってしまい、土日に柔軟な対応ができなくなってしまうのが理由です。人間は、一度決めたことを柔軟に変えていくことが難しい生き物で、土日に仕入れる情報の全てを都合の良いように解釈し、トラックバイアスやオッズを正確に判断できない状況に自分を追い込んでしまいます。

　ここまで金曜日にやっておけば、土日はトラックバイアスを確認する程度となり、競馬漬けの生活を送らずに済みます。

土曜日　日曜日

　さて、平日に基盤となる予想が完了しました。週末は、狙っているレースの前座でトラックバイアスをチェックします。トラックバイアスをチェックする具体的な方法については、「第7章 トラックバイアス 馬場を見極める」で言及します。ここでは、馬体重、パドックはチェックしません（第2章で言及した通り）。

　最後に大事なのは、俗に言う穴人気「オッズが安い」と感じたら、回収率を下げてしまうのでその馬券は買いません。第3章でも言及した通り、「予想と馬券は切り離して」、割に合わないオッズならば買わないべきで、「しょうがない」と割り切るべきです。「ボール球は振らない」「ストライクだけ振る」を徹底すべきです。例えば、バリーボンズ。彼がすごいのは、ホームランを打つ技術、パワーはさることながら、選球眼です。あれだけホームランを量産する能力がありながら、「打ちたい」という気持ちが全く見えません。ボール球は徹底的に見送り、ストライクだけを狙い打つ。バットを振ったときは高確率でホームランです。馬券でも、「馬券を買わない勇気」を持つことは高い回収率を維持するために非常に大事です。

あとは投票してレースを見るだけです。結果が出たら、勝ち負けに関わらず動画とタイムをよく見て検証します。見るポイントは以下の通りです。

- レース序盤から道中で各馬が走った位置関係（隊列）
- 隊列が決まるまでの駆け引き（スタート200mのラップタイム）
- 馬場のどこを通った馬が好走したか？（自分が予想したトラックバイアスが正しかったか？を含めて）
- 全体時計、上がりタイム、ラップタイム（ザックリと上がり勝負の瞬発力型なのか、消耗戦の持久力型なのか、前傾ラップなのか、後傾ラップなのか）
- 危険な人気馬と考えていた馬の結果（この予想精度が上がれば、回収率が格段に上がる）
- 負けた馬（特に人気馬）がなぜ負けたか検証
- 上位入線馬（特に不人気馬）がなぜ上位に来たか。馬券を買えていなかったならば、本当に買える材料がなかったか検証

回顧は1頭ずつ見るようにしています。スタートからゴールまで見るのは現実的に時間も厳しいので、レースが動かない道中は飛ばして見ることが多いです。着眼点は、スタート、先行力、前進気勢、コーナリング、直線入口での加速力がメインです。ここまでしっかりやっておけば馬のキャラが掴めるので、「次にこの条件なら狙おう」など、狙い目が明確に見えてきます。

いざ、馬券購入。悩んで悩んで、悩み抜く

　月曜日から金曜日まで「週中予想」をしました。土日はトラックバイアスとオッズを見て、いざ馬券を検討しなければならない状況になって、こう思うはずです。「どうしよう？（小声）」。私は、毎週そうです。週中予想では、誰よりも時間をかけて予想しましたが……土日は、トラックバイアスとオッズについても、ありとあらゆる券種のオッズを見て徹底的に悩み抜きます。「このレースは、本当に馬券を買って良いのか？」。

　競馬は、どの券種を選択しても控除率20％以上の壁を突破しなければなりません。「予想に忠実にいくべきか？　オッズは大丈夫なのか？　期待値は？」「人気が偏っているから、馬券では割り切りを入れるべきか？」「控除率を突破できる可能性が低いから、見送るべきか？」。家族に隠れて、グルグル悩みます。でも、それで良い。悩み抜いて、結論を出せば良いと思っています。

　仕事でも、微妙な判断を求められるシチュエーションが多々あります。私の場合ですが、その時は徹底的に悩むようにしています。「ああでもない」「こうでもない」「やっぱり、こっちか？」「いや、深読みしすぎかも」……最終的には、「誰が見ても、そうだよね」の落としどころを探るようにしています。決めた結論が妥当かどうか？

　悩んだ結果が裏目に出ることもありますが、それは単なる自分の実力不足。悩むことを放棄して悪い結果になったのでは、目も当てられませんし、そうなった場合に翌週から自分の予想や理論に自信を持てるでしょうか？　やるべきことは、眼前の問題・課題から逃げずに徹底的に向き合うことだと思います。

週末は雨。週中予想で雨の影響は考慮するの？

　雨馬場には種類がたくさんあります。良馬場で散水程度の馬場、稍重、大雨の不良馬場。パターンは無限にあります。さらに、真夏と真冬でも、芝の根付きが全く異なるので、これらをケース別に予想するのは、現実的に不可能です。

　月曜日から金曜日までの週中は、Twitterでいつも書いている通り、個別分析と馬同士の能力比較、隊列予想のみで十分です。隊列は、天気・馬場にそれほど左右されません。馬場状態やトラックバイアスは土日に確認できれば十分間に合いますから、週中では深く考える必要はありません。あくまで、前週据え置きの良馬場が、週中予想のベースです。雨馬場の影響は、当日考えれば十分です。初期段階の検討から局地戦で重箱の隅をつつく検討に入ってしまうと、大局的な目線で検討できなくなってしまいます。まずは俯瞰的な目線で、競馬の基本である能力比較をすべきです。

　また、馬場について言及すると、昨今の馬場造園課の尽力により、稍重や、稍重寄りの重くらいまでなら、良馬場とそんなに変わりません。通った場所によって「有利」「不利」を考えるのは、良馬場の場合と基本的には変わりません。例えば、2022年マイラーズカップでは、稍重馬場になりましたが、ホウオウアマゾンに◎を打ちました（複勝1.8倍1点的中）。雨馬場は一切考慮に入れず、内前有利な馬場が、この馬にとって有利に働くと考えました。

　余談ですが、雨が降ると、競馬ファンが過剰に反応して重馬場で好走した馬の馬券が過剰に売れる傾向がありますが、意外と関係ありません。先程述べましたが、「隊列はどうなるか？」「トラックバイアスはどうか？」「その結果、どの馬に有利なレースになるのか？」を考えるほうが回収率に好影響を与えます。

2022年4月24日　阪神11R
マイラーズC（GⅡ）芝1600m稍重

着	馬名	斤量	タイム	位置取り	上がり	人気
1	7 ⑬ソウルラッシュ	56	1.33.3	13-13	34.1	6
2	4 ⑦ホウオウアマゾン	56	1.33.4	2-2	35.3	1
3	2 ③ファルコニア	56	1.33.4	4-3	35.1	4

単勝780円　複勝280円 180円 220円　枠連1,190円　馬連2,390円
ワイド890円 1,060円 630円　馬単5,200円　三連複5,560円　三連単31,970円

投票内容			
(1) 阪神（日）11R	07		
的中 複勝	20,000円	●	

海外競馬はブックメーカーのオッズを利用する

　海外馬券はオッズの歪みが大きいです。とくに日本馬が複数出走する海外レースは必ずと言っていいほどオッズが歪みます。

　競馬ファンの心理として、日本馬を応援したくなるのは当然なので、日本馬を中心に馬券が売れていきます。そして、メディアは日本馬以外では、海外の上位評価されている馬ばかりを「日本馬のライバル」として取り上げるので、それらの馬も同様に妙味はありません。その結果、歪みに歪んだ中穴から大穴のオッズ帯に妙味が出てきます。

　例えば、クロノジェネシスとディープボンドが参戦した2021年凱旋門賞はその傾向が顕著でした。

　ブックメーカーとJRAのオッズを比較すると、タルナワ、ハリケーンレーン、スノーフォールに妙味はなく、逆に、アレンカーやシリウェイは2倍以上の乖離がありました。凱旋門賞に出てくる馬は、各国のチャンピオンクラスの馬であり、ノーチャンスではありません。各国からトップホースが集まってきているので、力差は紙一重です。しかも、それらの馬が未知の条件、初顔合わせでレース

2021年 凱旋門賞のオッズ

	馬番	馬名	JRA	ウィリアムヒル	購入	着順
	11	ハリケーンレーン	4.5(1)	4.5(1)	×	3
	4	タルナワ	4.6(2)	5(3)	×	2
	7	クロノジェネシス	4.8(3)	11(5)	×	7
	15	スノーフォール	4.9(4)	6(4)	×	6
	10	アダイヤー	5.0(5)	4.5(1)	○	4
	2	ディープボンド	12.8(6)	29(7)	×	14
	3	ブルーム	34.1(7)	51(11)	×	11
◎	13	アレンカー	41.8(8)	17(6)	○	9
◎	6	ラービアー	42.0(9)	29(7)	○	12
◎	8	モジョスター	65.4(10)	34(9)	○	10
◎	14	バブルギフト	93.0(11)	101(13)	○	8
◎	12	シリウェイ	93.7(12)	41(10)	○	5
◎	1	トルカータータッソ	110.5(13)	67(12)	○	1
	9	ベイビーライダー	202.1(14)	151(14)	×	13
	取消	ラブ	−	−	−	−

※JRAは確定オッズ、ウィリアムヒルは2021年10月3日時点のオッズ

をするのですから、単勝万馬券クラスでも十分勝負になります。

　実際に、このレースでは110.5倍のトルカータータッソの単勝を的中することができました。メディアはこれを「大金星」と書きましたが、私はそうは思いませんでした。確かにトルカータータッソの母国、ドイツの競馬のレベルはあまり高くありませんが、この馬のレーティングは戦前で119（メンバー中7位）と決して弱いとは言い切れないため、単勝万馬券クラスであれば勝負にいっても良いと判断しました。これは余談ですが、オッズに着目してブックメーカー＞＞JRAであっても、レーティングがあまりに上位とかけ離れている場合は通用しない可能性が高いので、消す馬を選定するのに役立ちます。

　これは2021年がたまたまそうだったわけではなく、2019年凱旋門賞を勝ったヴァルトガイストも、JRAが単勝34.4倍、ブック

2021年 凱旋門賞のレーティング

順位	馬名	レーティング	備考
1	アダイヤー	127	
2	タルナワ	125	牝馬
3	クロノジェネシス	124	牝馬
4	スノーフォール	123	牝馬
5	ハリケーンレーン	121	
6	ラブ（出走取消）	121	牝馬
7	トルカータータッソ	119	
8	ディープボンド	118	
9	ブルーム	117	
10	モジョスター	116	
11	アレンカー	115	
12	シリウェイ	115	
13	ラービアー	113	牝馬
14	バブルギフト	108	
15	ベイビーライダー	108	

※牝馬については、凱旋門賞の牝馬のアローワンス3ポンドを加算

投票内容

(1)	パリロンシャン 4R 単勝	08 5,000円	
(2)	パリロンシャン 4R 単勝	06 8,000円	
(3)	パリロンシャン 4R 単勝	14 8,000円	
(4)	パリロンシャン 4R 単勝	01 8,000円	単勝11,050円的中
合計金額		29,000円	

投票内容

(1)	パリロンシャン 4R 単勝	13 15,000円
(2)	パリロンシャン 4R 単勝	12 15,000円
合計金額		30,000円

メーカーが11〜19倍。2020年凱旋門賞を勝ったソットサスも、JRAが単勝12.2倍、ブックメーカーが6〜9倍と、JRAのオッズのほうが高くなっていました。

　なお、再三、Twitterで注意喚起しているように、ブックメーカーで馬券を買うのは法律的にグレーゾーンです。生活レベルを良くするために馬券を買っているのに、話題の「賭博罪」で前科を背負ってしまったら目も当てられません。馬券はJRAで買うのが無難です。

第5章

能 力 比 較

▶▶ 番付を作成する ◀◀

競馬の教科書

能力比較こそ競馬の基本

　競馬をやっていて、こう感じたことはないでしょうか？「この馬って、優秀な成績を残しているのに、なぜ人気がないのだろう？」。

　ちょっと古い話ですが、2007年ジャパンカップにアドマイヤムーンという馬が出走しており、私よりも競馬に詳しい照井という友人と一緒に現地観戦しました。そこでのやり取りは、以下の通りです。

照井「玉ちゃん本命決めた？」

玉嶋「うん、アドマイヤムーン」

照井「これだから素人はwww　この馬に2400mは長えよ」

玉嶋「過去レースを見たら、強いと思うんだけど？」
　　　（※当時は、今よりドバイGIのハードルが高い）

照井「強いけど、天皇賞秋を勝てないのにジャパンカップで（馬券圏内に）来るわけないじゃんw」

玉嶋「もう買っちゃった」

照井「これだから素人はw　適性ないし、調教良く見えないし、血統も2400mこなせないし、気配も悪い!!」

玉嶋「そっか。強くて人気ないから、俺はこれで良いよ」

　実際にあったやり取りです。競馬場やWINSでは、上記のようなやり取りをよく耳にします。競馬に詳しくなればなるほど、玄人っぽい見解が言える「適性」「調教」「血統」「パドック」に目が向きがちです。仕事でも同じですが、ちょっと仕事を覚えてくると、違うことをやりたくなってくるのは人間の性だと思います。しかし、それは本当に正しい方向へ向かっているのでしょうか？　重馬場や距離の「①適性」については、「②能力」を凌駕できる保証がないにもかかわらず、①が優遇される傾向があります。それは、相手関

アドマイヤムーンの戦績

日付	レース名	コース	タイム	位置取り	人気	着順
2005/7/10	2歳新馬	函館芝1800良	1.54.4	16-15-10-8	5	1
2005/8/27	クローバー賞(OP)	札幌芝1500良	1.29.5	7-6-4	1	1
2005/10/1	札幌2歳S(G3)	札幌芝1800良	1.50.4	6-7-5-2	1	1
2005/12/24	ラジオたんぱ杯2歳S(G3)	阪神芝2000良	2.01.9	5-6-6-6	1	2
2006/2/5	共同通信杯(G3)	東京芝1800良	1.48.4	6-7-7	2	1
2006/3/5	弥生賞(G2)	中山芝2000良	2.01.5	9-9-8-8	1	1
2006/4/16	皐月賞(G1)	中山芝2000良	2.00.4	13-15-12-12	1	4
2006/5/28	ダービー(G1)	東京芝2400稍	2.28.8	12-15-15-12	3	7
2006/8/20	札幌記念(G2)	札幌芝2000良	2.00.3	11-11-11-9	1	1
2006/10/29	天皇賞秋(G1)	東京芝2000良	1.59.0	10-10-10	2	3
2006/12/10	香港C(G1)	香港芝2000良	2.01.6			2
2007/2/17	京都記念(G2)	京都芝2200稍	2.17.2	6-6-6-5	2	1
2007/3/31	ドバイデューティーF(G1)	UAE芝1777良	1.47.9			1
2007/4/29	クイーンエリザベスC(G1)	香港芝2000良	2.02.2			3
2007/6/24	宝塚記念(G1)	阪神芝2200稍	2.12.4	12-12-13-6	3	1
2007/10/28	天皇賞秋(G1)	東京芝2000稍	1.59.1	9-7-7	2	6
2007/11/25	ジャパンC(G1)	東京芝2400良	2.24.7	5-5-6-4	5	1

係やその他の諸条件をすっ飛ばした理論になっていないでしょうか？　先述したビギナーズラックの正体は、多くの場合はこれです。本来ならば能力評価を突き詰めていくべきなのに、それをないがしろにして、楽しそうなファクター「適性」「調教」「血統」「パドック」に傾倒（浮気）してしまっていないでしょうか？

　もう少し、具体的に書きます。「○○競馬場が得意」「重馬場巧者」「マイラー」等の適性は、圧倒的な能力差の前では無力です。適性は、

能力が拮抗している場合に初めて意味を持ちます。まずは純粋に能力比較をしてみて、拮抗しているようなら適性について検討するのが基本です。能力とは、レースでのパフォーマンスです。レース映像を繰り返し見れば、能力比較はそれほど難しくありません。特に、2歳戦や春クラシック戦線で適性を無闇に持ち出す見解は、間違った答えを導き出す可能性が非常に高く、非常に危険な思考です。

クラスの壁①　　　　　　　レースには格がある

GⅠ（定量戦）とGⅡ（別定戦＆定量戦）

　GⅠ（定量戦）とGⅡ（別定戦＆定量戦）の大きな違いはペースと隊列です。まずペースですが、GⅠはギリギリの勝負になるので、レース後の疲労だとか、その後のローテーションだとかに関係なく、全ての馬がゴール前で限界を迎えるレースになりがちです。GⅠのラスト200mでガクンとラップが落ちる場合が多いのはそのためです（ただし、最近の競馬は馬場が高速化してきて、GⅠであってもそう簡単に垂れない軽いレース質になることが多いので、一概には言えなくなってきましたが……）。直線で限界を迎えた馬から脱落していく耐久力型の消耗戦になることが多く、耐久力のない馬は早めに脱落してしまうことも少なくありません。また、馬群も凝縮し、3、4コーナーでの攻防もタイトです。そのため、コーナリングに難がある馬は、ここでは苦戦を強いられます。

　GⅠで上位争いをするような馬の中にコーナリングが苦手な馬は滅多にいませんが、デアリングタクトがこれに該当します。秋華賞では3、4コーナーで仕掛けましたが、なかなか前へ進むことができず、この挙動を見て、コーナリングが苦手なことについて言及しました。3歳牝馬同士の対決ではなんとかなりましたが、2020年ジャパンカップではこの弱点が顕在化して3着に敗れました。この時点で、今後この弱点が致命傷となり、GⅠではかなり苦戦を

デアリングタクトの戦績

※2022年11月末時点

日付	レース名	コース	タイム	位置取り	人気	着順
2019/11/16	2歳新馬	京都芝1600良	1.37.7	3-5	2	1
2020/2/8	エルフィンS(L)	京都芝1600良	1.33.6	9-10	3	1
2020/4/12	桜花賞(G1)	阪神芝1600重	1.36.1	12-13	2	1
2020/5/24	オークス(G1)	東京芝2400良	2.24.4	11-12-12-13	1	1
2020/10/18	秋華賞(G1)	京都芝2000稍	2.00.6	13-13-8-5	1	1
2020/11/29	ジャパンC(G1)	東京芝2400良	2.23.2	7-7-7-7	3	3
2021/3/14	金鯱賞(G2)	中京芝2000重	2.01.8	6-6-6-6	1	2
2021/4/25	QE2世C(G1)	香港芝2000良	2.01.4		1	3
2022/5/15	ヴィクトリアマイル(G1)	東京芝1600良	1.32.7	6-6	5	6
2022/6/26	宝塚記念(G1)	阪神芝2200良	2.10.3	10-10-8-8	4	3
2022/9/25	オールカマー(G2)	中山芝2200良	2.13.7	9-11-11-8	1	6
2022/11/13	エリザベス女王杯(G1)	阪神芝2200重	2.14.0	8-8-8-9	1	6
2022/11/27	ジャパンC(G1)	東京芝2400良	2.23.9	12-13-14-14	5	4

強いられるんじゃないかと考えていました。そして、年明け2021年の金鯱賞ではギベオンに金星を配給してしまい、その後は故障で休養に入ってしまいました。故障明けの後は、2022年の宝塚記念やエリザベス女王杯等、コーナリング性能が要求されるレースでは3、4コーナーで相変わらず立ち遅れてしまうシーンがありました。

　GⅡ（別定戦）はGⅠのステップレースとしての性格が強いので、GⅠに比べると緩いペースになることが多いです。また、馬群もGⅠほど凝縮しない上に、両者には大きなレベル差があります。人気になる馬ほど、その先にあるGⅠを見据えている場合が多いので、ダメージを残さないように仕掛けを遅くすることが多く、他の馬もそのペースに付き合わされます。当然のことながら、レースは

人気馬を中心として動きます。その結果、直線ではトップスピード優位のレースになることが多く、ＧⅠとは異質のレースになりがちです。ＧⅡ大将が度々出現するのはそのためです。ＧⅡ（別定戦）で圧勝したからと言ってＧⅠで通用するかと言えばそれはまた別の話です。

ＧⅡ（別定戦＆定量戦）とＧⅡ（ハンデ戦）とＧⅢ

　ＧⅡ（別定戦＆定量戦）は上記の通りです。ＧⅡ（ハンデ戦）は、ハンデが厳しくなることを嫌ってＧⅠ級の馬が出てこないので、メンバーがかなり弱くなります。また、ＧⅡ（別定戦＆定量戦）で全く通用しない馬も軽ハンデに恵まれて好走することがあります。ＧⅡ（ハンデ戦）とＧⅢは大差がありません。個人的には、ハンデ戦のＧⅡはＧⅢにすれば良いのにと思っています。

ＧⅢとオープン特別

　これは格差があります。重賞を勝てば箔がつくのが理由でしょうか。ＧⅢは東京競馬場のような直線の長い競馬場を除いて、大抵の場合は3、4コーナーの攻防が激しいです。一方、オープン特別は馬群がバラけて3、4コーナーの攻防がラフになることが多いです。オープン特別や3勝クラスを快勝して重賞挑戦する馬は、特にコーナリング能力を検証する必要があります。コーナーで置いていかれると、ゴール前で届かないことが多いので注意が必要です。オープン特別を勝って重賞初挑戦する場合は、過剰人気を背負うケースが多いので、よほどの理由がない限りは懐疑的に評価するのが得策です。全く通用しないケースが結構あります。

　純粋なスピードに代表される能力が高くても重賞に手が届かない馬はたくさんいます。例えば、ヒンドゥタイムズやアイアンバローズ、リライアブルエースがこれに該当します。3勝クラス、オープン特別では、コーナーの攻防が厳しくないので、タラタラと回って

きます（陣営や騎手も、あえてタイトなレースは望みません）。そして、直線に入ると追い出しを開始。スピード能力は高いので、トップスピードに秀でた馬は好走できますが、重賞となるとハナシは別。3、4コーナーの攻防で後手を踏み、馬券圏外に飛んでしまうことが少なくありません。

GI＞＞＞GII（別定戦）＞＞GII（ハンデ戦）≒GIII＞オープン特別

　余談ですが、スプリント戦は全体的にレベルが低いので、クラスの壁は上記で言及したほどはありません。オープンクラスの馬と、GIクラスですら、ちょっとした展開のアヤで着順は入れ替わります。

　例えば、2021年の高松宮記念。勝ったダノンスマッシュはともかくとして、2着に好走したレシステンシアは、「能力はそれほど高くない。展開のアヤで好走しただけ」とTwitterでも再三コメントを書いています。マイルCSやヴィクトリアマイルで凡走しているのは、単純に能力が足りていないからと考えています。ちょっとしたことで着順がコロコロと入れ替わるスプリント戦。「それでも人気馬を買いますか？」というハナシでした。

　この論理は、海外競馬でも同様です。2021年香港スプリントのレース前に言及しましたが、メンバーの能力差は僅かなのに対して、オッズの差が大きいレースでした。スプリントは、能力が拮抗していることが多いため、あえて人気馬の印を下げて、一般的によく言われる「波乱決着」を狙うのが定石です。

クラスの壁②　勝ち上がった場所によってレベルが違う

　新馬、未勝利、下級条件は、競馬場ごとにレベルが大きく違います。そこで、どこの競馬場から勝ち上がってきたかは注意する必要があります。例えば、私見ではレベルが低いと考えている小倉を連勝してオープンクラスに上がったような馬は「本当に大丈夫なの？」と懐疑的な視点でチェックします。

　場所別のレースレベルを以下にまとめます（※芝オープン、特にクラシックを有望視されている中距離でのハナシです。下級条件や芝スプリント限定、ダートで以下の条件を適用すると、ハナシがおかしくなります）。

> **東京、中山、阪神、京都、札幌 ＞ 中京、函館、新潟 ＞ 福島、小倉**

　下級条件において、クラシックを期待されている馬や、期待が大きい馬は、主要4場あるいは札幌を使われることが多いです。中京、函館、新潟はそこから1ランク落ちます。福島、小倉はそこからさらに1ランク落ちます。クラシックやGⅠを勝つような馬のデビュー戦や勝ち上がりを見ると、福島や小倉を使われるのはレアケースであり、この2場のレベルは必然的に低くなります。このことを頭の片隅に置いていないと、小倉や福島を勝ち上がってきた馬が弱い可能性に気付けなくなります。

　2019年にデビューしたダノンチェイサーも同じ系統です。デビュー直後は中京、福島、小倉を使われて勝ち上がりました。きさらぎ賞を勝ったとは言え、メンバーが小粒でした。NHKマイルC4着の後は、古馬戦線でしばらく過剰人気を繰り返しました。レベルが低い競馬場を勝ち上がってきた馬は、注意が必要です。

距離とメンバーレベル　2000mが最もハイレベル

　前章に関連して、Twitterでよく「距離延長、距離短縮のどちら
が良いの？」と質問をいただきます。一概には言えませんが、大前
提として、2000m前後の距離が最もハイレベルであることを念頭
に置かなければなりません（東京2400m、有馬記念を含む）。現
代の日本競馬は、2000mを中心に回っていると言っても過言では
ありません。ダービーやジャパンカップは2400mですが、東京競
馬場の2400mは高速馬場であることが多く、スタミナよりもス
ピードが要求され、今や2000m寄りのスピードがなければ勝つこ
とは困難です。

　ディープインパクトやロードカナロア等、スピード偏重の種牡馬
がその傾向に拍車をかけました。強い馬は新馬戦からダービーに
向けての臨戦過程で2000m前後の距離を使うことが多いようです。
2021年ダービー1、2着のシャフリヤール、エフフォーリアは正に
典型的です。2000mでデビューした強い馬は、そのカテゴリーに留
まり続けますが、それよりも弱い馬でなかなか勝てない馬達は他のカ
テゴリーに活路を求めます。要は、2000mを中心に淘汰されていき
ます。具体的には、カテゴリー別の強さは以下のような構図となります。

★ ★ ★	2000m（ダービー、ジャパンカップ含む）
★ ★	1600m　2400m
★	1200m　2500m以上　※有馬記念除く

　なぜ2000mを中心に日本競馬が回っているのでしょうか？ 答
えは単純で、「賞金の高いレースが多いから」。理由はシンプルにこ
れだけです。例えば、自分が馬主や調教師の立場だとイメージして
みてください。天皇賞秋を快勝して、ジャパンカップとマイルCS
どちらでも選べるならば（2400mはちょっと長いかも……でも、

なんとかなるかも……)、どちらを選びますか？ 関係各所（馬主や生産者等）との調整は必要ですが、私ならジャパンカップを選びます。理由は「賞金」。競馬関係者は言うまでもなく、遊びやレジャーで競馬をやっているわけではありません。生活するため、家族を養うために競馬をやっています。したがって、賞金が高いレースに向かいたいという発想は自然です。しかしながら、日本人は国民性で「金儲け」を公言することを忌避する傾向があります。「賞金が高いからジャパンカップに行くよ！」と公言する関係者は見たことがありません。参考で、2022年のジャパンカップとマイルCSの賞金一覧は以下の通りです。

ジャパンカップ
1着　400,000,000円　①
2着　160,000,000円　③
3着　100,000,000円　④
4着　60,000,000円
5着　40,000,000円

マイルCS
1着　180,000,000円　②
2着　72,000,000円
3着　45,000,000円
4着　27,000,000円
5着　18,000,000円

競馬関係者にとっては、競馬は遊びではなく仕事です。言うまでもなく、番組数が充実しており、かつ賞金の高いカテゴリーに向かうのが自然な流れです。賞金が総じて高く、潰しが利く2000m前後を目指してデビューをして、通用すればそのカテゴリーに留まっ

て、そうでなければ別路線に活路を求めていくのは自然の流れです。例えば、自分が調教師の立場ならば、世代最強クラスの能力を持っている可能性がある馬で、賞金が高いダービーやジャパンカップ、有馬記念を狙えるのに、「この馬でロードカナロアを超える最強スプリンターを育てる‼」とはならないですよね？

「お金の集まるところへ、強い馬が集結する」のが自然な流れです。近年では、香港やドバイ、さらには最近設立されたサウジカップ等のレースで日本馬が猛威を振るっていますが、海外競馬への順応リスクを飲み込んでまで挑戦するのは「賞金が高いから」に他なりません（「凱旋門賞」は、日本競馬の悲願なので例外。超リスキーな挑戦であることは言うまでもありませんが、挑戦する姿勢には頭が下がります）。くどいですが、競馬は関係者にとって経済活動です。少々ドライな言い方ですが、以下に示す事案は、ビッグレースで億単位の賞金が動かなければ発生しません。

「海外良血馬の買付け（種牡馬、繁殖牝馬）」
「外厩の整備」
「海外輸送」
「放牧」
「種付け料 3,000万円」
「セレクトセール ○億円」

　一部の例外を除いて、ほとんどの馬は脱落しない限り、世代の頂点ダービーを狙います。これを頭に入れておくのと、そうでない場合では、予想の質が大きく違ってきます。この大前提をすっ飛ばして「距離延長」「距離短縮」の議論をすべきではないと考えています。例えば、2000m前後の距離から1600mに向かってくる馬や、1600mから1200mに向かってくる馬は「追走力」の課題さえクリアできれば好走の可能性が高いですが、1200m前後の距離から

1600mに向かってくる馬は懐疑的に評価したほうが良いということです。2021年ヴィクトリアマイルの例を以下に挙げます。

2021年　ヴィクトリアマイル

ランブリングアレー　　　　単勝75.2倍　2着

　愛知杯（2000m）で2着、中山牝馬S（1800m）で1着。さらに、カシオペアS（1800m）ではボッケリーニに勝っており、中距離戦線で着実に実績を積み重ねていましたが、ヴィクトリアマイルではなぜか人気がありませんでした。弱い馬は中距離重賞で好走することはできません。グランアレグリアはちょっと別格でしたが、それを除けば能力上位。ここで好走するだけの素養は十分にありました。

ランブリングアレーの過去5走

日付	レース名	コース	タイム	位置取り	人気	着順
2020/8/16	小倉記念(G3)	小倉芝2000良	1.58.2	5-5-3-1	1	6
2020/11/1	カシオペアS(L)	京都1800良	1.46.1	3-4	2	1
2020/12/19	ターコイズS(G3)	中山芝1600良	1.35.1	8-5-5	2	7
2021/1/16	愛知杯(G3)	中京芝2000良	1.58.7	8-9-9-8	6	2
2021/3/13	中山牝馬S(G3)	中山芝1800不	1.54.8	8-9-9-9	7	1

レシステンシア　　　　単勝7.1倍　6着

　高松宮記念（1200m）ではダノンスマッシュに次ぐ2着。ダノンスマッシュはともかく、それ以外のメンバーはかなり怪しいレベルでした。2020年マイルCSでは惨敗しており、スプリントよりも相対的にレベルの高いマイルでは通用しない可能性がありました。しかも、単勝オッズは7.1倍。これではとても買えません。

レシステンシアの過去5走

日付	レース名	コース	タイム	位置取り	人気	着順
2020/4/12	桜花賞(G1)	阪神芝1600重	1.36.3	2-2	1	2
2020/5/10	NHKマイルC(G1)	東京芝1600良	1.32.7	1-1	1	2
2020/11/22	マイルCS(G1)	阪神芝1600良	1.32.8	1-1	4	8
2021/2/28	阪急杯(G3)	阪神芝1400良	1.19.2	1-1	1	1
2021/3/28	高松宮記念(G1)	中京芝1200重	1.09.2	6-7	1	2

以上より、ランブリングアレーに重い印を打つのが妥当でした。

2021年5月16日　東京11R
ヴィクトリアマイル(GI) 芝1600m良

着	馬名	斤量	タイム	位置取り	上がり	人気
1	3 ⑥グランアレグリア	55	1.31.0	9-10	32.6	1
2	4 ⑧ランブリングアレー	55	1.31.7	11-10	33.2	10
3	1 ①マジックキャッスル	55	1.31.7	9-7	33.5	5
4	7 ⑭ディアンドル	55	1.31.8	5-4	33.8	14
5	1 ②シゲルピンクダイヤ	55	1.31.8	5-4	33.8	13
6	8 ⑱レシステンシア	55	1.31.9	3-2	34.1	2
7	6 ⑪ダノンファンタジー	55	1.31.9	14-14	33.0	9
8	3 ⑤デゼル	55	1.31.9	11-12	33.2	4
9	4 ⑦マルターズディオサ	55	1.32.2	7-7	34.0	7
10	2 ③クリスティ	55	1.32.3	1-1	34.7	15
11	6 ⑫サウンドキアラ	55	1.32.3	7-7	34.1	6
12	5 ⑩レッドベルディエス	55	1.32.4	18-17	33.2	17
13	8 ⑯リアアメリア	55	1.32.4	17-17	33.2	8
14	5 ⑨テルツェット	55	1.32.4	14-14	33.5	3
15	8 ⑰スマイルカナ	55	1.32.6	2-2	34.9	12
16	7 ⑮アフランシール	55	1.32.6	14-14	33.7	18
17	7 ⑬プールヴィル	55	1.32.8	11-12	34.1	11
18	2 ④イベリス	55	1.36.5	3-4	38.5	16

単勝130円　複勝110円 790円 210円　枠連1,330円　馬連3,620円
ワイド1,550円 330円 5,080円　馬単4,630円　三連複8,460円　三連単28,750円

　最後に、1600mと2000mは、レース質は大きく変わらないと考えています。巷でよく「1600mだから」「2000mだから」と議論されていますが、出走馬を能力順に評価して過小評価されている馬を探すほうがはるかに大事です。距離ごとに違うのは「レース質」ではなく、「メンバーレベル」であることを念頭に置いておけば、予想の組立てが変わってくると思います。

距離短縮・延長　一般論

2000→2400 ○　※ダービー、ジャパンカップは除く
3200→2400 ×
2000→1600 ○
1600→2000 ×
1600→1200 ○
1200→1600 ×

　2000mが最もハイレベルなカテゴリーと考えるのが、現代競馬の基本です。

穴をあけにいくなら世代限定戦より古馬オープン

　世代限定戦と、世代混合戦の違いについて、以下に示します。

①世代限定戦は実力差が大きく、それがオッズに反映されやすい

　クラシックGIでさえ実力差が大きいです。高校野球（世代限定戦）とプロ野球（世代混合戦）に例えればわかりやすいと思います。高校野球（世代限定戦）は「エースで4番」も多く、個々の能力差が大きいです。競馬も同じで、世代限定戦では競走馬としての性能が高い馬が、競馬場や距離等の適性に関係なく、それなりに上位入線することが多いです。能力差が大きいと、それがオッズに反

映されやすくなり、期待値＞1の馬を探すのが難しくなります。

2022年のダービーではドウデュース、イクイノックス、ダノンベルーガ、ジオグリフで4強オッズを構成しましたが、穴をあけるチャンスは小さく、それ以外の馬は軽視で良いと考えました（買うなら4頭ボックスの馬連と考えましたが、Twitterでも発信した通り、オッズが付かなかったので見送りました）。第3章の「予想と馬券は切り離せ！」でも言及した通り、予想したからと言って馬券を買う義務はありません。100％当たる保証などどこにもないし、4強はどちらかというと過剰に人気を被っていました。予想は「打席に立つ」行為で、馬券は「バットを振る行為」。競馬は明日も来週もあるのですから、無理に勝負する必要はありません。より条件の良いレースで戦うのが、収支向上のカギです。無闇にバットを振る（馬券を買う）のは、ボール球だろうと後悔なきようバットを振り回した挙げ句、意気揚々とベンチに引き返すレベルの低い高校球児と同じです。それでは競馬は勝てません。強い学校は、勝つために這いつくばってでも四球を拾いにいきます。第1章の「勝つための競馬は『楽しくない』」でも言及しましたが、「自分がどうしたいか？」ではなく、「勝つためにどう立ち回れば良いか？」を徹底的に考えるのが玉嶋の流儀です。

ダービーだろうが有馬記念だろうが、周りの雰囲気に流されずに粛々と競馬に取り組む姿勢が大事だと思います。ダービーは以下の印の通り馬連ボックスで買っていれば6点→7.3倍と微増です。この配当の馬券を繰り返し買っていけば、せいぜい回収率100％が精一杯だと思います。万が一、アスクビクターモアのような馬が2着に残っていたら大きなダメージを受けるので、馬券を買わなかったことは後悔ありません。かと言って能力差が大きいことがわかっているのに、無闇に穴をあけにいくのは得策とは言えません。穴をあけにいくならば、世代限定戦よりも古馬オープンのほうがはるかに合理的です。

2022年5月29日　東京11R
ダービー（GI）芝2400m良

着		馬名	性齢	斤量	タイム	位置取り	人気
◎	1	7 ⑬ドウデュース	牡3	57	2.21.9	13-14-14-14	3
◎	2	8 ⑱イクイノックス	牡3	57	2.21.9	16-16-16-14	2
	3	2 ③アスクビクターモア	牡3	57	2.22.2	2-2-2-2	7
◎	4	6 ⑫ダノンベルーガ	牡3	57	2.22.3	10-10-11-11	1
	5	3 ⑥プラダリア	牡3	57	2.22.8	5-5-6-5	5
	6	8 ⑯キラーアビリティ	牡3	57	2.22.9	13-15-15-16	8
○	7	7 ⑮ジオグリフ	牡3	57	2.22.9	10-10-11-11	4
	8	4 ⑦オニャンコポン	牡3	57	2.23.0	12-10-11-11	6
	9	5 ⑨ジャスティンパレス	牡3	57	2.23.2	6-8-8-8	10
	10	4 ⑧ビーアストニッシド	牡3	57	2.23.5	4-3-3-3	17
	11	1 ②セイウンハーデス	牡3	57	2.23.9	6-7-4-5	16
	12	1 ①アスクワイルドモア	牡3	57	2.24.0	6-8-8-8	13
	13	2 ④マテンロウレオ	牡3	57	2.24.0	13-10-8-6	18
	14	8 ⑰ロードレゼル	牡3	57	2.24.0	6-5-6-5	11
	15	7 ⑭デシエルト	牡3	57	2.24.0	1-1-1-1	15
	16	6 ⑪ジャスティンロック	牡3	57	2.24.7	18-18-17-17	14
	17	5 ⑩マテンロウオリオン	牡3	57	2.25.9	17-17-17-17	9
	18	3 ⑤ピースオブエイト	牡3	57	2.29.1	3-3-4-4	12

単勝420円　複勝160円 150円 410円　枠連420円　馬連730円
ワイド340円 1,120円 1,390円　馬単1,440円　三連複4,570円　三連単15,770円

②世代限定戦は参考レースが少なく、検証できるネタが足りない

　とにかく出走回数が少なすぎて、検証ができません。また、①でも書いた通り、出走馬の能力差があまりに大きすぎて、適性に関係なく能力差でレース結果が決まってしまうことがほとんどです。だから、東京競馬場で行われる東スポ杯2歳SやサウジアラビアRCで好走したからと言って、その結果はNHKマイルCやダービーには直結しません。

「世代限定戦」においては、将来プロに進む「プロ予備軍」と「将来就職組」のように能力差が大きい「高校野球」の構図になっている一方で、プロ野球（世代混合戦）では群雄割拠。投手、野手と適性に応じて別れていきます（大谷選手は例外なので、当てはまりませんが……）。そうなると、そもそも能力が高い馬が選抜されて各カテゴリーに別れていってからの勝負なので、能力の個体差が小さいです。先程の逆で、オッズ差が能力差ほどではなく、紙一重の能力差の中での勝負なので、世代限定戦よりも期待値＞1の馬を探しやすくなります。

　これらの理由から、穴をあけにいくならば世代限定戦ではなく、断然古馬オープンのほうが良いのです。

古馬重賞　3歳馬がアッサリ通用するケースは?

シュネルマイスター　安田記念　3着

　この時期の3歳馬が古馬相手に通用するのは難しいですが、安田記念当時は高速馬場だったために、斤量の恩恵を受ける可能性を考慮する必要がありました。通用するというよりも、条件的に好走可能と表現するのが適切だと思います。特に、2021年安田記念の東京競馬場は、高速馬場で外が伸びる異例の馬場でした（通常は、内が伸びる高速馬場）。そして、この馬が引いたのは外枠8枠13番。揉まれず単走に近く、タイムトライアル型のレースに持ち込むことが可能な条件でした。

ラブカンプー　スプリンターズS　2着
ディアンドル　北九州記念　2着

　2頭とも、3歳時からテンの脚が速く、先行力がある馬でした。古馬のスプリント戦は、世代限定戦と比べると、テンのスピードが桁違い。ここで立ち遅れてしまう3歳馬は面を食らってしまい惨

敗します。例えば、2021年CBC賞で5着に敗れたヨカヨカが挙げられます。表題で挙げた2頭は、古馬初挑戦であってもテンのスピードがあるため、自分の土俵で戦えたということです。そうなれば、軽い斤量のアドバンテージが生きてきます。ただでさえ、相手が強い古馬初挑戦のハードルは高いですが、好走できる条件の共通点として、「自分の土俵で戦える」ということです。

　回りくどくなってしまいましたが、3歳馬の場合、自分のスタイルを崩さないまま挑戦できるタイプは、斤量の恩恵で通用する可能性があります。ディアンドル、ラブカンプーの3歳時はその状況でした。スタートが速く、先行力があるタイプ。これまでと同じ競馬に徹すれば良かったので、アッサリ順応できました。

　一方、そうでない差し、追い込みタイプの場合は、追走に苦労して競馬に参加できずに古馬の洗礼を受けてしまう場合が多いです。2022年函館スプリントSで勝ったナムラクレアは先行できるかどうか微妙なラインでした。結果的には断然人気を背負い、先行して快勝しましたが、同じく人気を背負って惨敗したプルパレイのように追走に苦労するリスクはありました。古馬初対戦の場合は、蓋を開けてみないとわからないため、このわからない部分を馬券にどう反映するかがカギになると思います（この後にも出てきますが、人気を背負う馬が不確定要素を抱えている場合は、「悲観的」に評価）。

　近年は、やや早熟傾向に拍車が掛かっている傾向は否めません。以前は、「3歳馬が人気を背負っていれば、機械的に買い目から消す」で儲かる時代もありました（2020年ワーケア：新潟記念1番人気10着等）。しかしながら、2021年、2022年は3歳馬でも古馬初挑戦でもいきなり通用する事例が増えてきました。相変わらず、古馬の中距離戦線は層が厚いため、そうとは言い切れませんが、スプリントでは顕著です（ナムラクレア、テイエムスパーダ、ヨカヨカ、レイハリア等）。

適性・寸評・ウンチクは「ほどほど」に
強い馬は強い

　競馬をちょっと覚えてくると適性や調教、血統に傾倒したくなる気持ちはわからなくもありません。『競馬の教科書　別冊』を共著した予想屋マスター（プロ予想屋歴27年）との対談で話した内容は以下の通りです。

「馬の能力と馬場読み。これらの基本的な分析をするだけで、
人生を賭けるくらい難しい」

　この想いがあるからこそ、私は「調教」「血統」には手が出せません。最も重要な「馬の能力比較」「馬場読み」をこなすのが精一杯だし、それ以上手を拡げる必要がないと思っています。ちょっと脱線しましたが、競馬を覚えてくると、寸評やウンチクを自己満足で言いたい自分がいないでしょうか？　彼女との競馬デートで知的なところを見せたい、競馬歴が浅い友人にマウントを取りたい（照井）。色々と事情はあると思いますが、馬券で勝ちたいならば、それらの雑念は捨てるべきです。Twitterでもよく言っていますが、「寸評をたくさん書ける馬」が必ずしも強いかと言われれば、そうではありません。例えば、シンボリルドルフ、タイキシャトル、キタサンブラック、ソダシ等は言語化が非常に難しい馬です。

「つおい」以上。　※「つおい」＝「強い」

　馬なりで先行し、3、4コーナーで軽く仕掛けてそのまま押し切る競馬で、これを言語化しろと言われてもなかなか難しいと思います。しかし、競馬をやる目的は言語化ではありません。馬券で勝つことです。寸評やウンチクは、極論すると、なくても良いと思いま

す。競馬をやる目的は、彼女や友人相手にドヤることではなく、馬券で稼ぐことでしょう？

「番付」の概念　週中予想でランク付け

この章で解説してきた「能力比較」に「第7章 トラックバイアス 馬場を見極める」を加味した上で、「第4章 必勝ルーティン 単調を繰り返す」で解説した「週中予想」を行います。

月曜日〜金曜日の週中予想では、「番付」によって能力比較をしていきます（「番付」を作るまではやってられないという方は、◎候補：1着候補、△候補：2着候補等、印を粗く打って格付けしておく方法でも代用可です）。

第4章でも言及しましたが、能力比較を高い精度で行い、メンバー間の序列や格付けができないと、「枠順」「トラックバイアス」「オッズ」を考慮した最終予想において、期待値の高い馬券を組むことが難しくなります。「番付」「週中予想」は、週末に期待値の高い馬券を組むためのベース（大枠）です。能力比較のベースがしっかりしていないと、最終予想の局面で、能力的に箸にも棒にもかからない逃げ馬を「前残りのトラックバイアスだから買っちゃえ」や、「意外とオッズが付くから買っちゃえ」、逆に、「強そうで当たりそうだからオッズ無視で買っちゃえ」のようなことが起こりえます。週中予想を基本に忠実に行った上で、「番付」（あるいは、それに代わる印による格付け）を週末までに作っておき、「枠順」「トラックバイアス」「オッズ」を考慮して馬券の期待値を考えるのが、予想の基本です。

番付の判断基準は、①レースにおける着順、パフォーマンス、②トラックバイアス、③レースにおける有利・不利です（※陣営コメント、騎手、仕上がり等は基本的には考慮しません。それらを考慮した途端に、予想に恣意的な判断が入ってしまうため、予想が濁り

ます)。番付は、最終予想ではなく、週中予想をした結果、能力比較を可視化するためのものです。他の章でも言及していますが、週末までは「枠順」「トラックバイアス」「オッズ」がわからないため、買い目を決める最終予想のための印までは絞りません。絞ってしまうと、後戻りするのに大変な労力を使います。だから、あえて決めないことが大事です。

　以下に、番付作成の例を示します。クドいですが、ここはあくまでも週中予想です。基本的に番付作成では、予想オッズは考慮しません。予想オッズを考慮すると、途端に予想がおかしくなります。あくまでも、「強いか?」「弱いか?」だけを考えるのが予想です。オッズは発売が開始されないとわからないので、発売されてから考えれば十分です。「狙おう」と考えていた馬、「穴だ」と思っていた馬が意外と人気を背負った場合に、「行くか?」「退くか?」の判断力が鈍ります。

番付の目安

　ここでは、2000m前後の中距離路線における番付の例を示します (牡馬牝馬混合)。

▶横綱
　数年に1頭出現するレベル。GⅠを年に何度も勝てる殿堂入り級。
(例) ディープインパクト、オルフェーヴル、キタサンブラック、クロノジェネシス、アーモンドアイ 他

▶大関
　GⅠを複数回勝てるレベル。世代トップクラス。
(例) コントレイル、デアリングタクト、エフフォーリア、シャフリヤール、タイトルホルダー、ドウデュース、ジオグリフ、イクイノックス、ダノンベルーガ、ジャックドール、フィエールマン 他

▶関脇

ＧⅠ級、あるいは重賞を複数回勝てるレベル。

（例）アスクビクターモア、ガイアフォース、サリオス、レイパパレ、ボッケリーニ、マイネルファンロン、アリストテレス、レッドガラン、サンレイポケット、パンサラッサ、ステラヴェローチェ、シャドウディーヴァ、テルツェット、オーソリティ、ウインマリリン、ステイフーリッシュ、トーセンスーリヤ、ダノンキングリー、ワールドプレミア、グローリーヴェイズ 他

▶小結、十両

重賞級、あるいはオープン特別を複数回勝てるレベル。

（例）ジャスティンパレス、ファルコニア、マイネルウィルトス、ビーアストニッシド、トーラスジェミニ、アンティシペイト、アンドヴァラナウト、プレシャスブルー、ヨーホーレイク、ダイワキャグニー、ヒンドゥタイムズ、ウインマイティー、アフリカンゴールド、マリアエレーナ、タガノディアマンテ、アナザーリリック 他

番付の作り方

　上記に挙げた馬は「基準馬」の一例です。大事なことは、これらの馬のいずれかを「基準馬」として格付けして、その馬に対して相対比較をしていきます。例えば、以下の「番付例①　2022年 ダービー」では、皐月賞の結果から大関に四強を配置し、2ランク下の小結にアスクビクターモア他を配置しました。

1ランク差➡トラックバイアス、展開次第で逆転可能。
2ランク差➡トラックバイアス、展開の差があっても逆転困難。
**　　　　　一世一代の走りが必要。**

番付例① **2022年 ダービー**

　皐月賞の上位4頭であったジオグリフ、イクイノックス、ドウデュース、ダノンベルーガ（四強）の能力が他馬と比較して傑出しており、大きな差がありました。打倒四強の筆頭は、弥生賞でドウデュースを破ったアスクビクターモアでしたが、弥生賞は前半1分01秒1のスローペース（マイペース）で運べた上に、ドウデュースは3、4コーナーで致命的な不利を受けました。それでも、ゴール前ではクビ差まで迫られました。さらに、次走の皐月賞では、前半1分00秒2での単騎逃げでしたが、残り200m付近で一気に後続に呑み込まれ5着でした。弥生賞、皐月賞の結果より、本項の冒頭で挙げた皐月賞上位4頭とは大きな差があったと判断しました。以上より、番付は以下の通り、四強を「大関」、アスクビクターモア他を「小結以下」としました。結論は、四強の馬連ボックスでしたが、配当があまりにも安すぎたため、馬券の購入は見送りました。

番付シート	2022年5月29日 ダービー（GI）	
	該当馬	秘密兵器
横綱	該当なし	該当なし
大関	**イクイノックス、ダノンベルーガ、ドウデュース、ジオグリフ**	該当なし
関脇	該当なし	該当なし
小結	**アスクビクターモア ＋ その他**	該当なし

> ## 番付例② 2022年 セントライト記念

　ダービーで上手く内を立ち回って3着のアスクビクターモアを関脇としました（基準馬）。春クラシックで強いメンバーと戦ってきたアスクビクターモアは高評価すべきと考えましたが、一方で、ダービーでワンツーを決めたドウデュース、イクイノックスや、皐月賞で後塵を拝したジオグリフ、ダノンベルーガには見劣るため、関脇に上方修正したものの、一線級とは言えない（重賞級であっても、GⅠ級ではない）評価に留めました。

　問題は、別路線組のガイアフォース、ローシャムパーク。前走までの結果から、どちらかがアスクビクターモアに勝てる可能性があると考えました。そこで、ガイアフォース、ローシャムパークの2頭は底を見せていない「秘密兵器」としてアスクビクターモアと同列の関脇の列に置きました。

※ショウナンマグマ（9着）は、ラジオNIKKEI賞でフェーングロッテンの2着に善戦したにもかかわらず、単勝35倍であったため、妙味を優先して、予想とは切り離して期待値が高いと判断し、馬券の評価を1着候補Bランクの○としました。

2022年9月19日 中山11R
セントライト記念（GⅡ）芝2200m良 13頭立て

	着		馬名	斤量	タイム	位置取り	上がり	人気
◎	1	6 ⑨	ガイアフォース	56	2.11.8	6-6-5-4	34.7	3
○	2	5 ⑦	アスクビクターモア	56	2.11.8	3-3-3-2	35.0	1
◎	3	1 ①	ローシャムパーク	56	2.12.3	7-7-7-7	35.0	2
	4	4 ⑤	セイウンハーデス	56	2.12.7	2-2-2-2	36.0	7
△	5	4 ④	ラーグルフ	56	2.12.8	9-8-8-8	35.4	6

単勝510円　複勝170円 120円 160円　枠連470円　馬連730円
ワイド320円 600円 320円　馬単1,530円　三連複1,460円　三連単7,250円

2022年9月19日　セントライト記念（GⅡ）

	該当馬	秘密兵器
横綱	該当なし	該当なし
大関	該当なし	該当なし
関脇	**アスクビクターモア** **昇格（ダービーより）**	**ガイアフォース** **ローシャムパーク**
小結	該当なし	該当なし
前頭	**ガイアフォース、** **ローシャムパーク以外**	該当なし
十両	その他	該当なし

「番付」の使い方　週中予想を馬券に仕上げる

　前項では番付の作り方について解説しました。「番付」は、前項で説明した通り「週中予想」の見える化です。「番付」は、過去のレースから各馬の「最大出力」（最高のパフォーマンス）を見極めて格付けしたものです。ここでは、枠順、馬場状態、トラックバイアスは考慮せず、能力だけ評価することに徹します。最終的に、週末に馬券を仕上げるためのベースを作る作業です。

　週中予想である番付がなぜ大事か？　番付が整理できていないと、例えば、前走で不利を受けた馬や、末脚不発で不完全燃焼だった馬が本当に狙えるかどうかわかりません。それだけだと、根拠として弱いと考えます。それって、「その馬にとってどうだったか？」という話でしかなくて、不利を受けた次走の相手が強すぎれば、箸にも棒にもかかりません。

①前走で不利を受けたから狙う。
➡根拠として弱い。今回の相手に対して、不利を受けなければ通用するのか？まで確認すべき。

②前走で不利を受けた。
　でも、今回の相手は強いから通用する可能性は低い。
➡検討は十分。

③前走で不利を受けた。今回の相手なら、
　互角以上の能力がある。妙味あり
➡検討は十分。

　ここまで突き詰めて能力比較をしないと、週末に「期待値」が見えてきません。

　次に、番付を使ってどのように最終予想・馬券を組み立てれば良いか？について解説します（例：2022年 秋華賞）。まず、前項と同様に、週中予想を行い各馬の能力比較を行います。以下の例に示す番付は、チューリップ賞、桜花賞、オークス、紫苑S、ローズS他から作成しました。他の章でも言及していますが、ここでは馬体重や調教過程、臨戦過程、陣営のコメント、騎手等は一切考慮していません。レース内容のみ（着順、トラックバイアス、内容）を評価して作成しています。

　ここでの基準馬は二冠馬スターズオンアース（関脇）で、この馬をトップの評価に据えました。桜花賞、オークスの結果（※着順だけでなく、レース映像も含む）だけを見れば、100人中99人くらいは同じ評価を下すと推察します。

　さらに、スタニングローズとアートハウスは、オークスでともに道中で同じような位置から進めてスタニングローズは早めに抜け出して2着だった一方で、アートハウスは早々と垂れて7着でした。以上より、スタニングローズの評価を上位に取るのが妥当です（小結）。

　同様に、オークスの外差し有利～内外フラットな馬場状態で、内から差してきて3着だったナミュールは、スタニングローズと同格に据えました（小結）。

　ここで大事なのは、レース内容だけを評価するということです。アートハウスの場合、オークスでは川田騎手が桜花賞を勝ったスターズオンアースではなくこちらに騎乗しました。それについては、一切考慮に入れないことが肝要です（他の章でも言及していますが、川田騎手が乗っても、馬は強くなりません → 能力優先主義）。また、ローズSでは快勝したものの、オークスで先着されたスターズオンアース、スタニングローズ、ナミュールらは不在でした。要は、一線級の相手が不在で、メンバーに恵まれた可能性が高いレースでした。

　ちょっと脱線しますが、ここで厳しい評価を下したアートハウスについては、「騎手」「陣営のコメント」等をファクターとして入れれば、いくらでも評価の上方修正が可能です。でも、私はそれはやりません。自分の推したい馬を高評価したいときだけ、都合の良いファクター（情報）を取り出してきてベタ褒めするのは、できなくはありませんが、再現性のある予想はできないので、「番付」を作成する際に考慮するのはレース結果のみです。以上を考慮して、秋華賞で私が作成した番付を以下に示します。

番付シート		2022年10月16日 秋華賞（GI）	
		該当馬	秘密兵器
横綱		該当なし	該当なし
大関		該当なし	該当なし
関脇		**スターズオンアース**	該当なし
小結		**スタニングローズ、ナミュール**	該当なし
前頭		**アートハウス、ウォーターナビレラ、サウンドビバーチェ、プレサージュリフト**	該当なし
十両		その他	該当なし

　ここまでは、秋華賞の番付（週中予想）について解説しました。では、ここからどのようにして成果品である最終予想（馬券）を仕上げていくか？について解説したいと思います。

　当日のトラックバイアスは、やや内前有利と判断しました。スターズオンアースは、桜花賞でギリギリ差し切ったことを考慮し、最も強いことは認めつつも▲評価まで（1着候補Bランク）。スタニングローズは、スターズオンアースよりも能力的には劣るものの、トラックバイアス的に有利。オッズ妙味もあるため、◎評価（1着候補Aランク）。ナミュールは、スターズオンアースと同様の理由で▲評価まで（1着候補Bランク）。アートハウスは、先に挙げた◎▲よりも評価が劣る上に能力劣勢。単勝6.7倍ではとても手が出せません。ローズSを勝っているため、一定水準以上の能力は認めつつ、来たら仕方ないと割り切って買い目から消し。その他は、妙味優先で印を打ちました。

2022年10月16日 秋華賞（GI）　印

 関脇　▲ スターズオンアース

 小結　◎ スタニングローズ　　▲ ナミュール

 前頭　消 アートハウス　　　　○ ウォーターナビレラ
　　　　× サウンドビバーチェ　△ プレサージュリフト　他

2022年10月16日　阪神11R
秋華賞（GI）芝2000m良

	着	馬名	性齢	斤量	タイム	位置取り	人気
◎	1	4 ⑦ スタニングローズ	牝3	55	1.58.6	3-5-5-4	3
▲	2	4 ⑧ ナミュール	牝3	55	1.58.7	9-9-10-9	2
▲	3	5 ⑨ スターズオンアース	牝3	55	1.58.7	14-13-14-14	1
	4	3 ⑥ メモリーレゾン	牝3	55	1.59.0	8-8-7-9	13
消	5	5 ⑩ アートハウス	牝3	55	1.59.0	3-3-3-2	4
	6	6 ⑪ エグランタイン	牝3	55	1.59.0	6-6-7-6	11
×	7	8 ⑮ サウンドビバーチェ	牝3	55	1.59.0	2-2-2-2	12
	8	3 ⑤ ストーリア	牝3	55	1.59.0	11-11-11-11	9
△	9	8 ⑯ プレサージュリフト	牝3	55	1.59.2	14-15-14-14	5
	10	1 ② ライラック	牝3	55	1.59.4	16-16-16-16	6
	11	1 ① ウインエクレール	牝3	55	1.59.4	9-9-7-7	7
○	12	6 ⑫ ウォーターナビレラ	牝3	55	1.59.4	3-3-3-4	10
	13	7 ⑬ エリカヴィータ	牝3	55	1.59.5	12-12-13-11	8
	14	2 ④ ラブパイロー	牝3	55	1.59.8	12-13-11-11	16
	15	2 ③ タガノフィナーレ	牝3	55	1.59.9	6-6-5-7	15
	16	7 ⑭ ブライトオンベイス	牝3	55	2.00.5	1-1-1-1	14

単勝570円　複勝150円 140円 130円　枠連1,040円　馬連990円
ワイド360円 320円 300円　馬単2,430円　三連複1,090円　三連単6,900円

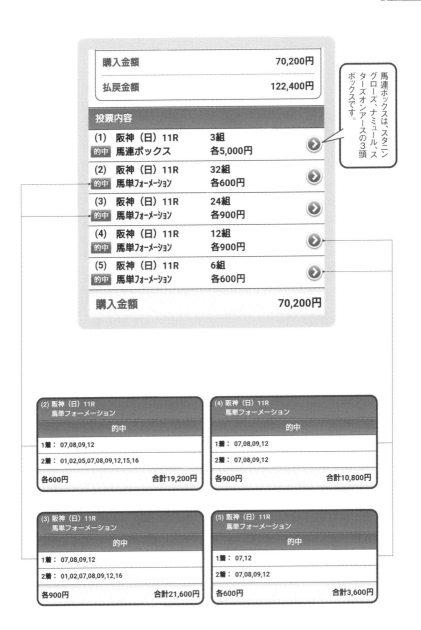

購入金額	70,200円
払戻金額	122,400円

投票内容

(1) 的中	阪神（日）11R 馬連ボックス	3組 各5,000円	❯	
(2) 的中	阪神（日）11R 馬単フォーメーション	32組 各600円	❯	
(3) 的中	阪神（日）11R 馬単フォーメーション	24組 各900円	❯	
(4) 的中	阪神（日）11R 馬単フォーメーション	12組 各900円	❯	
(5) 的中	阪神（日）11R 馬単フォーメーション	6組 各600円	❯	

購入金額	70,200円

馬連ボックスは、スタニングローズ、ナミュール、スターズオンアースの3頭ボックスです。

---

(2) 阪神（日）11R 馬単フォーメーション

的中

1着： 07,08,09,12
2着： 01,02,05,07,08,09,12,15,16
各600円　　　　　　合計19,200円

(4) 阪神（日）11R 馬単フォーメーション

的中

1着： 07,08,09,12
2着： 07,08,09,12
各900円　　　　　　合計10,800円

(3) 阪神（日）11R 馬単フォーメーション

的中

1着： 07,08,09,12
2着： 01,02,07,08,09,12,16
各900円　　　　　　合計21,600円

(5) 阪神（日）11R 馬単フォーメーション

的中

1着： 07,12
2着： 07,08,09,12
各600円　　　　　　合計3,600円

競馬の教科書
発想を変えるだけで回収率は上がる

能力が拮抗する場合に初めて「適性」も考慮に入れる

　この章では、何よりも重要なのは能力比較だと説明してきました。ただ、私も稀ではありますが適性を考慮にいれる場合があります。2022年の菊花賞がまさにそんなレースでした。以下は当週にメルマガで配信した内容です。

　中心はアスクビクターモア。能力的にはセントライト記念で先着を許したガイアフォースと互角です。適性に目を向けると、アスクビクターモアは馬なりで先行できる点、勝負どころで徐々にスピードアップできる点、後方からプレッシャーをかけられてもそう簡単に垂れないメンタルの強靭さがある点を考慮すると、若干有利と考えます。

　ガイアフォースでも悪くはないのですが、アスクビクターモアは皐月賞、ダービーで一旦見せ場を作ってから強いメンバーに揉まれた経験がある一方で、ガイアフォースはこれまでのレースを振り返ると、自分のタイミングで仕掛けるレースしか経験がなく、3、4コーナーで被されたり蓋をされたりした場合に、どうなるか不透明です。そういう意味では、この2頭を天秤にかけた場合は、連軸ならアスクビクターモアかな？と現時点では思います。

　また、今回の場合は、皐月賞、ダービー、セントライト記念で一旦先頭に立ったアスクビクターモアのレースセンスは素晴らしいものがあります。余程のトラブルがない限りは、残り200m付近でアスクビクターモアが先頭付近にいる可能性が高いと考えます。そういう意味では、同型の逃げ先行は不利。穴があくとすれば、アスクビクターモアを目掛けてゴール前強襲のパターンと考えます。

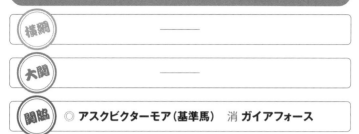

2022年10月23日 菊花賞（GI） 印

横綱 —————

大関 —————

関脇 ◎ **アスクビクターモア（基準馬）** 消 **ガイアフォース**

2022年10月23日 阪神11R
菊花賞（GI）芝3000m良

	着	馬名	性齢	斤量	タイム	位置取り	人気
◎	1	7 ⑭アスクビクターモア	牡3	57	3.02.4	2-2-2-1	2
	2	2 ④ボルドグフーシュ	牡3	57	3.02.4	12-13-10-4	7
	3	8 ⑰ジャスティンパレス	牡3	57	3.02.5	8-6-6-4	4
	4	6 ⑪ドゥラドーレス	牡3	57	3.03.4	12-12-10-9	3
	5	5 ⑨シホノスペランツァ	牡3	57	3.03.4	16-16-16-13	17
	6	3 ⑤ヤマニンゼスト	牡3	57	3.03.6	14-15-14-13	10
	7	2 ③プラダリア	牡3	57	3.03.6	9-9-10-12	5
消	8	1 ①ガイアフォース	牡3	57	3.04.0	6-6-7-4	1
	9	4 ⑦アスクワイルドモア	牡3	57	3.04.2	14-14-14-15	14
	10	1 ②シェルビーズアイ	牡3	57	3.04.4	9-11-10-9	18
	11	8 ⑱セレシオン	牡3	57	3.04.8	6-6-3-4	9
	12	6 ⑫ヴェローナシチー	牡3	57	3.05.2	17-17-16-15	6
	13	3 ⑥ビーアストニッシド	牡3	57	3.05.6	4-3-3-2	15
	14	7 ⑬ディナースタ	牡3	57	3.06.1	3-3-3-4	8
	15	8 ⑯フェーングロッテン	牡3	57	3.06.2	9-9-7-9	11
	16	7 ⑮ポッドボレット	牡3	57	3.06.8	4-5-7-17	16
	17	5 ⑩セイウンハーデス	牡3	57	3.07.6	1-1-1-2	12
	18	4 ⑧マイネルトルファン	牡3	57	3.08.9	18-18-18-18	13

単勝410円 複勝160円 290円 330円 枠連850円 馬連2,030円
ワイド790円 770円 1,920円 馬単3,370円 三連複6,440円 三連単30,010円

②

『○○の最大目標』

競馬界でよく言われる『○○の最大目標』。3歳馬ならダービー。古馬の春シーズンなら大阪杯、宝塚記念。古馬の秋シーズンならジャパンカップ、有馬記念……。

なんとなく『大目標』と見聞きすると「なんか、いけそうだ」という気にさせてくれますが、その期待を裏切ってきた事例は数えきれません。

ここで、人間の世界で、現実に置き換えて考えてみましょう。「プロスポーツ選手になりたい」「東大に入りたい」「弁護士になりたい」等……。思うだけなら、誰でもできますが、能力・実力が伴っていなければ、その希望は叶えることは難しいでしょう。私も例外ではないですし、ほとんどの誰もが経験のあることだと思います。

リップサービスを含めて、『最大目標』が紙面に踊ることは多々ありますが、私は常々「それ、本当に大丈夫なの?」という目線で検証するように心掛けています。

勝ちたいのは、どの陣営も同じであり、想いや願望だけで勝てるなら、みんなダービー馬になれているはずです。でも、現実はそうではありません。

第6章

レース映像

▶▶ 現場を検証する ◀◀

競馬の教科書

競馬の教科書
発想を変えるだけで回収率は上がる

競馬は見た目が9割　直感は大切に!

　ラップや展開など、細かい議論に入る前に、まずはレース映像を見るべきです。よく「見た目が9割」と言いますが、競馬も同じです。私はTwitterでも「レース映像をとにかくよく見る」ことを推奨しています。レース映像を見れば、直感で馬の強さを感じ取ることができます。以下に具体例を挙げます。

例①	**2021年 紫苑S　エクランドール**

　1勝クラスを2戦2勝で勝ち上がっての臨戦過程でした。

日付	レース名	コース	単勝オッズ	人気	着順
2021/1/31	3歳新馬	東京芝1800良	2.9	2	1
2021/5/15	3歳1勝クラス	東京芝2000良	1.6	1	1

　1勝クラスのレースでは相手が弱かったため、下図に示すようなストレスフリーのレース運びでした。大事なことなので繰り返しますが、相手が弱すぎる上にストレスフリー。外から気分良く追走しての勝利であり、高い評価に値しないと考えました。

ここをチェック！

2021年5月15日　東京7R 3歳1勝クラス　芝2000m良

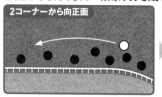

やや出負け気味のスタート。8頭立てということもあり馬群に包まれず、ストレスフリーで2番手まで押し上げる。

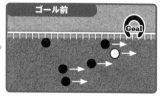

300m地点で先頭に立ち、そのまま惰性で1着。残り200mでムチが入ったが、最後まで2～5着馬と同じ脚色だった。

　次に迎えた紫苑Sでは、桜花賞で一線級の相手に3着だったファインルージュを差し置いて1番人気でした（単勝3.5倍。ファインルージュは4.5倍）。この馬は良血馬なので、人気を背負うのもわからなくはありませんでしたが、多頭数のレースで急激に相手が強くなった場合に、能力を出し切れないリスクがありました。本当に強い馬であればアッサリ突破することはなくもありませんが、ファインルージュよりも人気を背負うのは、いくらなんでもやりすぎで

2021年9月11日　中山11R
紫苑S（GⅢ）芝2000m良

着		馬名	斤量	タイム	位置取り	上がり	人気
1	6 ⑪	ファインルージュ	54	1.58.2	6-6-6-5	34.2	2
2	1 ①	スルーセブンシーズ	54	1.58.5	9-9-9-10	34.3	4
3	2 ③	ミスフィガロ	54	1.58.5	11-11-12-12	33.9	12
4	3 ⑥	シャーレイポピー	54	1.58.6	3-3-3-3	34.8	16
5	1 ②	トウシンモンブラン	54	1.58.7	6-6-6-7	34.7	13
6	4 ⑧	メイサウザンアワー	54	1.58.9	5-3-3-5	35.1	3
7	8 ⑰	ホウオウラスカーズ	54	1.58.9	11-11-11-10	34.4	7
8	7 ⑬	ハギノピリナ	54	1.58.9	13-13-13-13	34.1	6
9	4 ⑦	パープルレディー	54	1.59.0	15-16-16-15	33.6	14
10	5 ⑨	アイリッシュムーン	54	1.59.0	6-6-6-7	35.0	17
11	8 ⑱	プレミアエンブレム	54	1.59.0	9-9-9-7	34.8	11
12	6 ⑫	アビッグチア	54	1.59.1	1-1-1-1	35.7	15
13	7 ⑭	ホウオウイクセル	54	1.59.4	18-18-18-18	33.4	9
14	5 ⑩	エイシンチラー	54	1.59.5	15-15-14-14	34.3	5
15	7 ⑮	スライリー	54	1.59.8	2-2-2-2	36.2	10
16	3 ⑤	キヨラ	54	1.59.8	13-14-14-15	34.7	18
17	2 ④	エクランドール	54	1.59.8	17-17-16-17	34.3	1
18	8 ⑯	クリーンスイープ	54	1.59.9	3-3-3-3	36.1	8

単勝450円　複勝200円 320円 660円　枠連1,820円　馬連2,250円
ワイド920円 2,570円 3,680円　馬単3,620円　三連複19,150円　三連単64,570円

す。第11章で紹介する「複勝チャレンジ」で改めて紹介しますが、私はファインルージュに◎を打ちました（複勝2.0倍）。下級条件かつストレスフリーで快勝した場合は、「恵まれた」ことから懐疑的に（シビアに）評価をするべきです。

例② ## 2021年 東京新聞杯　カラテ

前哨戦の若潮S（3勝クラス）で、この馬は3、4コーナーで外から馬なりで押し上げながら、余裕を持って先頭に立ちました。直線では、後に2022年の関屋記念を勝つウインカーネリアンに圧勝。3勝クラスとしては規格外の勝ち方でした。東京新聞杯では、直線の長い東京コースを不安視する声がありましたが、若潮Sの勝ち方が普通ではなく（かなり余裕があり）、十分に重賞でも通用すると考えました。

ここをチェック！

2021年1月10日　中山10R 若潮S（3勝クラス）　芝1600m良

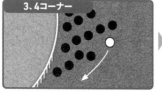

ほぼ馬なりで大外を回して押し上げ、2番手で直線を迎える。

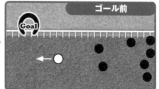

そのまま圧勝。皐月賞4着の実績を持つウインカーネリアンが失速したのに対し、カラテの脚色は最後まで衰えなかった。

東京新聞杯では、単勝11.6倍は過小評価と判断し、単勝を狙いました。その後も、2021年関屋記念2着、2022年新潟記念1着など、重賞戦線では主役級の活躍を見せています。

ここで問題はオッズです。例①は単勝3.5倍なのに対して、例②

2021年2月7日　東京11R
東京新聞杯（GⅢ）芝1600m良

着	馬名	斤量	タイム	位置取り	上がり	人気
1	5 ⑩カラテ	56	1.32.4	5-4	34.0	5
2	2 ④カテドラル	56	1.32.4	10-10	33.5	12
3	6 ⑪シャドウディーヴァ	54	1.32.6	10-10	33.6	3
4	7 ⑬ヴァンドギャルド	57	1.32.7	6-6	34.2	1
5	3 ⑤トライン	56	1.32.8	4-4	34.4	8
6	8 ⑯サトノインプレッサ	56	1.32.9	8-7	34.2	9
7	6 ⑫トリプルエース	56	1.32.9	2-2	34.7	2
8	5 ⑨サトノアーサー	57	1.33.0	14-14	33.5	11
9	1 ②サトノウィザード	56	1.33.1	15-14	33.6	4
10	3 ⑥プロディガルサン	56	1.33.1	16-16	33.3	14
11	7 ⑭エントシャイデン	56	1.33.3	12-12	34.1	7
12	2 ③ロードマイウェイ	57	1.33.5	12-13	34.3	10
13	4 ⑧ニシノデイジー	56	1.33.5	6-7	34.9	13
14	1 ①ダイワキャグニー	58	1.33.6	1-1	35.5	6
15	4 ⑦ショウナンライズ	56	1.33.6	8-7	35.0	16
16	8 ⑮エメラルファイト	56	1.33.7	2-2	35.5	15

単勝1,160円　複勝380円 740円 240円　枠連5,340円　馬連26,740円
ワイド6,430円 1,380円 2,860円　馬単43,140円　三連複45,560円　三連単267,610円

は単勝11.6倍でした。オッズを考慮した上で、①は「重賞で通用するか怪しいレベル」なのに対して、②は「重賞でも通用する水準」であることが3勝クラスのレースから判断できたことから、①は「軽視が妥当」、②は「1着付けでも狙える」案件でした。

　初心者の方には、とにかくレース映像をよく見ていただきたいと思います。映像を見ないで馬柱や数字を眺めても、所詮は数字の遊びです。レース映像の具体的な見方は、以下の通りです。

➠スタートの良し悪し（ダッシュ力の有無）

➠スタート後200m（馬なり？）

➠道中（引っかかっていないか？）

➠走法（ピッチ or ストライド）

➠3、4コーナー（馬なり？ 一杯？）

➠直線入口の加速力

　（仕掛けてからトップスピードに乗るまでどの程度時間がかかる?）

➠直線の進路（内 or 外、トラックバイアスの有無）

見るべきポイント①　　　　　　　　**コーナリング能力**

「コーナリングを制する者は競馬を制する」これは私が勝手に作った言葉です。この「コーナリング」については、YouTubeやTwitterでも徐々に目にする機会が増えてきたように感じます。具体的には、クラスが上がれば上がるほど、3、4コーナーの攻防がタイトになります。特に、重賞クラスになると、その争いは熾烈を極めます。良い進路からどんどんなくなる椅子取りゲームのような状態です。

　コーナリング能力が高ければ良い進路を確保できます。一方で、この能力が低ければ後方に置いていかれる上に、進路は大外しか残っていない、なんてオチになります。コーナリング能力は、まだまだ注目されていない上に、AIや指数で定量的に評価できないファクターです。大多数の人と同じファクターに注目しているようでは競馬で勝てないという観点から重要視しています。

　コーナリング能力の判断基準は3、4コーナーと直線の動きです。注目すべき点は以下の4つです。

①3、4コーナーの位置取り
➡持ったままでポジションを上げることができていれば、コーナリ

ング能力が高い。一方、手が動いているにもかかわらず、ポジションが上げられない、あるいは下げていればコーナリング能力が低い。マクリ競馬をやったことがある馬は総じてコーナリング能力が高い場合が多いです。

②直線入口での伸び脚
➡直線入口で上手く体勢を立て直し、一気に加速できていれば、コーナリング能力が高いです。

③直線での進路
➡直線で進路を自在に切り替えることができる馬は、コーナリング能力が高い可能性が高いです。

④ゴール前
➡ゴール前で毎回届かない位置から猛チャージをかける馬は、コーナリングが苦手な可能性が高いです。コーナーでモタモタして脚を使わなかった分、ゴール前で猛追するのが毎度の出来事。世間ではこれを「脚を余す」と言うらしいです。「脚を余している」のではなく、コーナーでモタついて脚を使っていないために、「脚が余っている」のです。能力が拮抗しているオープンクラスは、コーナーでの遅れを直線だけで挽回できるほど甘くありませんし、重賞ならなおさらです。このタイプの馬は、過剰人気になりやすいのも特徴です。具体例はシヴァージ（上がり最速も馬券圏外は恒例行事）、デゼル、2020年有馬記念ワールドプレミアなど。

　以下に、コーナリング能力が高い馬、低い馬の具体例を挙げます。

コーナリング能力が高い馬

ディープインパクト	トーセンスーリヤ	タイトルホルダー
ドリームジャーニー	コントレイル	アカイイト
ナカヤマフェスタ	ミッキースワロー	ランブリングアレー
ヴィクトワールピサ	フェアリーポルカ	ウインマリリン
ウインブライト	テルツェット	アナザーリリック
カデナ	カテドラル	スタニングローズ
ジャンダルム	ケイデンスコール	アスクビクターモア
ヴァンケドミンゴ	ファインルージュ	ガイアフォース
キセキ	エフフォーリア	

コーナリング能力が低い馬

ダイメイプリンセス	ワールドプレミア	デアリングタクト
アンドラステ	タイセイアベニール	ディープボンド
ウラヌスチャーム	タイセイビジョン	
シヴァージ	ナランフレグ	

　首都高速や名古屋高速、阪神高速の急カーブでは、スピードの出しすぎで頻繁に事故が起きています。普通なら、急カーブではあまりスピードは出せません。競馬も同じで、急カーブは減速し、ここで休憩した（脚を溜めた）逃げ・先行馬がそのまま残ってしまうことがよく起こります。曲率半径が小さい函館、中京、尖ったコーナーの阪神内回りで前残りが発生しやすい理由もこれです。

　ここで、私がコーナリングに注目したエピソードを紹介したいと思います。東京競馬場に何度か通ってから、中京競馬場に行ったときに「あれ？　向こう正面が近い気がする」と感じました。東京競馬場の風景に目が慣れていたので、とても違和感がありました。家

コーナリング能力の参考レース

タイトルホルダー（高い）、ディープボンド（低い）
2022年5月1日　阪神11R 天皇賞春　芝3200m稍重

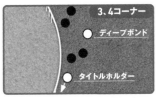

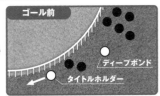

タイトルホルダーは3コーナーで馬なりなのに対して、ディープボンドは鞍上がゴリゴリ押していました。しかし、差は縮みませんでした（トップスピードが足りていない問題もありますが）。

4コーナーでは、ディープボンドにムチが入る一方で、タイトルホルダーが軽く仕掛けました。2馬身ほどまで詰めた差があっと言う間にグングン拡がり、最後は7馬身差の圧勝。

サンレイポケット（低い）
2022年7月17日　函館11R 函館記念　芝2000m重

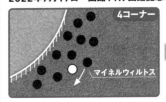

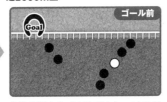

3コーナーからムチが入りましたが、外から「コーナリング◎」のマイネルウィルトスにアッサリ交わされてしまいました。

直線では垂れていたわけではなく、いつものようにしっかりと末脚を伸ばしていましたが、3、4コーナーで立ち遅れてしまったロスが響きました。

この映像も要チェック!!

ディープインパクト（高い）	**2006年有馬記念**

何度見ても、鳥肌が立ちます。能書き不要です。

ウインブライト（高い）	**2019年中山記念**

中山記念を連覇しているとおり、中山では無類の強さでした。

ファインルージュ（高い）	**2021年紫苑S**

コーナリング能力だけでなく、加速力も秀逸です。

デアリングタクト（低い）	**2020年秋華賞**

鞍上が仕掛けるも手応えが怪しかったです。4コーナーでは、オーマイダーリンにかわされる勢いでした。4コーナーで「あれ? 負ける?」と一瞬思いました。

に帰ってから調べてみると、中京競馬場のほうがコーナーはキツイことがわかり、この時をきっかけにコーナリングに着目し始めました。テレビや映像だけを眺めていても、これは気付けなかったと思います。これ以外にも、レース映像を眺めているだけではわからない「気付き」のキッカケが結構あります。行くチャンスがあるならば、競馬場にはできるだけ行くことをオススメします。

コーナリング能力の良し悪し　判断方法は?

　コーナリング能力を見るときに、遡って見るレースは「○走前まで」という基準はありません。例えば、カデナやクロノジェネシス、キセキは3、4コーナーでマクり気味にポジションを押し上げることが多く、1、2レース見れば得意であることがわかります。逆に、苦手な場合は判断が難しいです。例えば、シヴァージの場合、3、4コーナーでいつも手応えが怪しく、騎手の手が動いていても前に進みません。これについては、単純に脚が上がってしまっているのか、コーナリングが苦手なのかは、5レースくらい見て考察しなければわかりません。

　得意な場合は、ちょっと見ればわかる一方で、苦手な場合は数多くのレースを注意深く見なければわからないのです。

　また、「コーナリングは上手い騎手が乗れば改善するか?」と質問をいただいたことがありますが、基本的には改善しません。コーナリング能力は馬の素養(基本性能)というのが私の見解です。レースを重ねて、コーナリング能力が劇的に向上した馬は、私の経験上はいません。

　競馬場によって、コーナーの形状、曲率半径は随分違います。小回りのコーナーは、高速道路のインターチェンジや急カーブをイメージしてもらえれば良いと思います。インターチェンジ周りのカーブは、制限速度は40km/hの道路が多いと思いまが、競馬で

JRA10場の比較
コーナー半径は競馬場によって違う

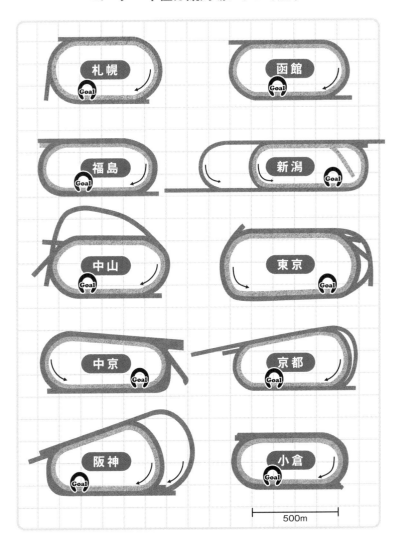

は60km/hでコーナーに突っ込んでいきます。しかも馬群が密集しながらなので、かなりヤバそうですが、そこでさらに熾烈なポジション争いをしているのだから、もう訳がわかりません。コーナリングを制する者は、競馬を制します。

見るべきポイント②　　　　　　　　　　　　加速力

Twitterでは、「加速力」という単語を多用しています。具体的には、以下の2点に着目します。

加速力が高い馬の具体例（順不同）

2022年	中山記念	レッドガラン
2022年	AJCC	キングオブコージ、マイネルファンロン
2022年	シルクロードS	メイケイエール
2022年	東京新聞杯	イルーシヴパンサー、ファインルージュ
2022年	京都牝馬S	ロータスランド
2022年	中山牝馬S	クリノプレミアム
2022年	金鯱賞	ジャックドール
2022年	高松宮記念	ロータスランド
2022年	弥生賞	ドウデュース
2022年	大阪杯	レイパパレ
2022年	NZT	マテンロウオリオン
2022年	桜花賞	ウォーターナビレラ
2022年	アーリントンC	ダイセイディバイン
2022年	福島牝馬S	アナザーリリック
2022年	マイラーズC	ホウオウアマゾン
2022年	天皇賞春	タイトルホルダー
2022年	京王杯SC	メイケイエール
2022年	ヴィクトリアマイル	ソダシ
2022年	ダービー	ドウデュース
2022年	安田記念	ソングライン
2022年	マーメイドS	ウインマイティー、マリアエレーナ、ソフトフルート
2022年	宝塚記念	タイトルホルダー
2022年	七夕賞	エヒト
2022年	函館記念	ハヤヤッコ、マイネルウィルトス
2022年	札幌記念	ジャックドール、パンサラッサ、ウインマリリン
2022年	セントライト記念	ガイアフォース、アスクビクターモア
2022年	紫苑S	スタニングローズ
2022年	関屋記念	ウインカーネリアン

①直線入口での加速力（直線を向いてからモタつかないか？）
②仕掛けてから１、２完歩でトップギアに入る資質

　では、加速力がなぜ大事なのか？　もう少し具体的に書きたいと思います。上記①②で挙げた通り、加速力が高い馬は直線に向いてすぐにトップギアに入ります。一方で、加速力が低い馬は、直線を向いてからモタついてしまうため、勝負どころで立ち遅れてしまいます。連系の馬券で軸として据えるならば問題はありませんが、単系馬券では非常に買いづらい馬になります。「コーナリング」と同

2021年	函館記念	トーセンスーリヤ
2021年	宝塚記念	クロノジェネシス
2021年	ヴィクトリアマイル	ランブリングアレー
2021年	大阪杯	レイパパレ
2021年	ダービー卿CT	テルツェット
2021年	皐月賞	エフフォーリア
2021年	ダービー	エフフォーリア
2021年	天皇賞秋	エフフォーリア
2021年	有馬記念	エフフォーリア
2021年	ジャパンC	コントレイル
2021年	菊花賞	タイトルホルダー
2021年	秋華賞	アカイトリノムスメ
2021年	福島牝馬S	ディアンドル
2021年	東京新聞杯	カラテ
2021年	中山牝馬S	ランブリングアレー
2021年	香港C	ヒシイグアス
2021年	中山記念	ヒシイグアス
2021年	中山金杯	ヒシイグアス
2020年	有馬記念	クロノジェネシス、フィエールマン、サラキア
2020年	アルゼンチン共和国杯	ラストドラフト
2020年	スプリンターズS	グランアレグリア
2020年	マイルCS	グランアレグリア
2020年	天皇賞秋	アーモンドアイ
2020年	ジャパンC	アーモンドアイ
2020年	新潟大賞典	トーセンスーリヤ、アトミックフォース
2020年	福島牝馬S	フェアリーポルカ
2019年	宝塚記念	リスグラシュー
2019年	有馬記念	リスグラシュー

加速力の参考レース

ファインルージュ（高い）
2021年9月11日　中山11R 紫苑S　芝2000m良

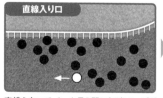

直線入り口

直線を向いて、あっと言う間に加速。トップギアで先頭を窺う。

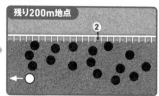

残り200m地点

わずか200mほどで先頭を飲み込む。さらに突き放して1着。強い。

様に、ここで挙げている「加速力」は1着付けで推せるか？ 推せないか？の分岐点です。加速力の低い馬（具体例：サンレイポケット、タイセイアベニール、タイセイビジョン、シヴァージ、デゼル、オーソクレース他）は、人気を背負っていても、多くのレースで1着付けの候補から外すことができます。人気を背負っている馬に対して、単勝、馬単、三連単で「2着以下で十分」「能力は認めつつも、あわよくば圏外に飛べば」の予想をして、それが現実になれば、馬券の配当は大きく跳ねます。人気を背負っている馬は、一部の例外を除いて基本的に能力の高い馬です。先述したように、根拠を持って貴方だけがその馬の評価を下げることができれば、他の馬券購入者よりも大きなアドバンテージを得ることができます。

ラスト1F（200m）　レース質が凝縮

　私はTwitterでよくレース質について言及しています。具体的には「重い」「軽い」。どこを見ているかと言うと、ラスト200mの映像とラップタイムです。ここを見れば、多くのレースで質を「重い」「軽い」に二分できます。

　ゴール前200mは、レース質が凝縮していると言っても過言ではありません。第7章で解説する「トラックバイアス」とも繋がってきますが、①先行勢が止まって差しが決まったのか、②スピードの惰性で先行勢が押し切ったのか、①②を見るだけでも色々なことがわかります。

　例えば、2020年セントライト記念。逃げたのはバビット。1000m通過は1分02秒6。当時はそれほど高速馬場でなかったことを差し引いても、緩い流れでした。3、4コーナーから、サトノフラッグが早めに動いて行き、ガロアクリークがその内から応戦。直線入口では、バビットが先頭でした。サトノフラッグの脚色が良かったので、そのまま差し切るかと思いましたが、バビットが逃げ切って勝ちました。レース後には、「バビット強い！」とコメントが並びましたが、私は「そうじゃない」とコメントしました。ラスト600mのラップは、「11.9-12.4-12.7」。ラスト200mは、バビットが垂れて歩いています。つまり、バビットは垂れてきていたにもかかわらず、サトノフラッグ、ガロアクリークが差せなかっただけなのです。

　仮に、バビットがラスト200mを12.0前後でまとめていれば、「バビットは強い」の論理が成り立ちますが、単純に、「重い」レースだったにもかかわらず、「垂れてきたバビットを差せなかったサトノフラッグとガロアクリークが弱かった」という結論になります。

　逆に、ゴールまで速いラップが並んで逃げ残っているような場合には、逃げ馬がビジュアル的に強く見えても注意が必要です。内前有利なトラックバイアスに助けられている可能性が高いため、真逆の差し有利なトラックバイアスになった場合には大惨敗の可能性が発生します。

　例えば、モズスーパーフレアや、2021年CBC賞を勝ったファストフォースが典型的です。特に、ファストフォースは、他章でも書いていますが、CBC賞では強引に逃げのポジションを取って、

2020年9月21日　中山11R
セントライト記念（GⅡ）芝2200m良

着		馬名	斤量	タイム	位置取り	上がり	人気
1	5 ⑥	バビット	56	2.15.0	1-1-1-1	37.0	4
2	7 ⑨	サトノフラッグ	56	2.15.3	7-7-6-2	36.5	1
3	6 ⑦	ガロアクリーク	56	2.15.4	3-3-3-2	37.0	2
4	2 ②	ラインハイト	56	2.15.6	6-6-6-5	36.9	9
5	7 ⑩	ヴァルコス	56	2.15.6	9-8-8-7	36.5	5
6	8 ⑪	ココロノトウダイ	56	2.16.7	2-2-2-2	38.5	8
7	4 ④	フィリオアレグロ	56	2.16.8	9-10-10-9	37.5	3
8	8 ⑫	サペラヴィ	56	2.16.8	3-3-5-7	38.3	12
9	6 ⑧	リスペクト	56	2.17.0	3-5-3-6	38.6	7
10	3 ③	マイネルソラス	56	2.17.1	12-11-10-11	37.8	11
11	1 ①	ピースディオン	56	2.17.6	11-11-12-12	38.0	10
12	5 ⑤	ダノンファスト	56	2.18.4	7-8-9-9	39.2	6

ラップ 12.2 - 12.2 - 12.8 - 12.9 - 12.5 - 12.0 - 11.8 - 11.6 - 11.9 - 12.4 - 12.7

ペース 12.2 - 24.4 - 37.2 - 50.1 - 62.6 - 74.6 - 86.4 - 98.0 - 109.9 - 122.3 - 135.0 (37.2-37.0)

そのまま逃げ切りました。内前有利の超高速馬場で、どんなにハイペースで飛ばしてもゴールまで惰性で押し切れる「軽い」レースだったから押し切れましたが、あのレースは例外中の例外。普通なら、そうはいきません。

　ラスト12.0前後でまとめていれば「軽い」レース質、それ以上掛かっていれば「重い」レース質です。パンサラッサが勝った福島記念や中山記念も「重い」レース質でした。札幌記念のときにも言及しましたが、私はパンサラッサを強いと評価したことはありません。先に上げた2つの重賞ではゴール前で歩いていますし、2着はそれぞれヒュミドールとやや衰えの見られるカラテでした。さらに、ドバイターフでは見事に海外GⅠを制しましたが（1着同着）、競

2021年7月4日　小倉11R
CBC賞(GⅢ) 芝1200m良

着	馬名	斤量	タイム	位置取り	上がり	人気
1	3 ③ ファストフォース	52	1.06.0	1-1	33.7	8
2	7 ⑪ ピクシーナイト	53	1.06.1	7-6	33.3	2
3	7 ⑩ アウィルアウェイ	55.5	1.06.2	8-8	33.2	6
4	1 ① タイセイビジョン	57	1.06.3	8-8	33.3	3
5	6 ⑨ ヨカヨカ	51	1.06.4	5-3	33.8	1
6	8 ⑬ ノーワン	53	1.06.5	10-10	33.3	12
7	4 ⑤ クーファウェヌス	51	1.06.6	2-2	34.3	9
8	2 ② メイショウケイメイ	51	1.06.7	10-10	33.5	13
9	4 ④ クリノアリエル	50	1.06.9	12-12	33.5	7
10	8 ⑫ メイショウカリン	51	1.07.1	13-13	33.5	10
11	5 ⑥ ビオグラフィー	53	1.07.2	2-3	34.8	4
12	6 ⑧ メイショウチタン	54	1.07.3	2-3	34.9	5
13	5 ⑦ プリカジュール	49	1.07.8	5-6	35.2	11

ラップ 11.6 - 10.0 - 10.7 - 10.9 - 11.1 - 11.7

ペース 11.6 - 21.6 - 32.3 - 43.2 - 54.3 - 66.0 (32.3-33.7)

り合った相手はヴァンドギャルド。海外GⅠを勝ったからと言って、手放しで最上級の評価を与えるには、ちょっと抵抗がありました。

2022年5月15日 東京11R
ヴィクトリアマイル（GI）芝1600m良

> 具体例
> 軽いレース

着	馬名	斤量	タイム	位置取り	上がり	人気
1	③ ⑤ソダシ	55	1.32.2	4-4	33.4	4
2	⑥ ⑪ファインルージュ	55	1.32.5	6-6	33.4	3
3	④ ⑦レシステンシア	55	1.32.5	2-2	34.1	6
4	⑤ ⑩ローザノワール	55	1.32.5	1-1	34.5	18
5	① ②ソングライン	55	1.32.5	9-8	33.2	2
6	① ①デアリングタクト	55	1.32.7	6-6	33.6	5
7	⑤ ⑨アブレイズ	55	1.32.8	15-15	32.9	17
8	⑦ ⑭アカイト	55	1.32.8	14-14	33.1	12
9	⑧ ⑰シャドウディーヴァ	55	1.32.8	15-15	32.9	16
10	⑥ ⑫ミスニューヨーク	55	1.32.9	11-11	33.4	14
11	③ ⑥ディヴィーナ	55	1.32.9	8-8	33.6	13
12	⑦ ⑬レイパパレ	55	1.32.9	3-3	34.3	1
13	⑧ ⑱テルツェット	55	1.33.0	18-18	32.9	8
14	⑦ ⑮アンドヴァラナウト	55	1.33.1	9-8	33.8	7
15	⑧ ⑯デゼル	55	1.33.2	12-12	33.6	9
16	④ ⑧クリノプレミアム	55	1.33.2	5-5	34.3	15
17	② ④マジックキャッスル	55	1.33.5	12-12	33.9	11
18	② ③メイショウミモザ	55	1.33.7	15-15	33.9	10

> **ラップ** 12.5 - 10.8 - 11.4 - 11.6 - 11.7 - 11.1 - 11.3 - 11.8

> **ペース** 12.5 - 23.3 - 34.7 - 46.3 - 58.0 - 69.1 - 80.4 - 92.2 （34.7-34.2）

単勝570円 複勝230円 190円 360円 枠連1,770円 馬連2,010円
ワイド730円 1,460円 1,470円 馬単4,010円 三連複8,270円 三連単43,780円

> **ラスト1F** 11.8 **ラスト200mからの落差** 0.5

　近年は、馬場造園課の管理技術が飛躍的に向上し、開催時期によらず高速決着することが非常に多い。その結果、多少ペースが流れても、ゴールまで垂れずに惰性で押し切ってしまう「軽いレース質」が増えている。このレースは典型的。

2022年4月10日 阪神11R
桜花賞（GⅠ） 芝1600m良

具体例
軽いレース

着	馬名	斤量	タイム	位置取り	上がり	人気
1	4 ⑧スターズオンアース	55	1.32.9	10-9	33.5	7
2	3 ⑥ウォーターナビレラ	55	1.32.9	2-2	34.0	3
3	1 ①ナムラクレア	55	1.33.0	4-4	33.9	6
4	8 ⑯サークルオブライフ	55	1.33.0	13-15	33.3	2
5	3 ⑤ピンハイ	55	1.33.0	12-13	33.4	13
6	2 ④パーソナルハイ	55	1.33.1	8-9	33.8	17
7	6 ⑫ベルクレスタ	55	1.33.1	13-13	33.5	9
8	2 ③アルーリングウェイ	55	1.33.1	4-4	34.0	5
9	4 ⑦サブライムアンセム	55	1.33.1	8-9	33.7	11
10	8 ⑱ナミュール	55	1.33.2	12-13	33.7	1
11	7 ⑭プレサージュリフト	55	1.33.4	18-17	33.5	4
12	1 ②カフジテトラゴン	55	1.33.7	1-1	34.9	18
13	5 ⑨クロスマジェスティ	55	1.33.8	4-7	34.6	15
14	8 ⑰フォラブリューテ	55	1.33.8	16-15	34.1	12
15	7 ⑮アネゴハダ	55	1.33.8	10-7	34.6	16
16	5 ⑩ライラック	55	1.34.0	16-17	34.1	10
17	7 ⑬ラズベリームース	55	1.34.1	4-4	35.0	14
18	6 ⑪ラブリイユアアイズ	55	1.34.3	2-3	35.3	8

ラップ 12.4 - 10.8 - 11.4 - 12.2 - 12.0 - 11.1 - 11.5 - 11.5

ペース 12.4 - 23.2 - 34.6 - 46.8 - 58.8 - 69.9 - 81.4 - 92.9 (34.6-34.1)

単勝1,450円　複勝360円 220円 400円　枠連2,550円　馬連3,740円
ワイド1,250円 2,100円 1,110円　馬単9,050円　三連複11,740円　三連単72,700円

ラスト1F 11.5　　**ラスト200mからの落差** 0.0

　高速馬場であるにもかかわらず、阪神のマイルGⅠで道中12秒台が2度計時される空前のスローペースとなったレース。上位は内枠で立ち回った馬が独占も、後方から馬群を捌いて差し切ったスターズオンアースの強さが際立った。

競馬の教科書
発想を変えるだけで回収率は上がる

2022年4月16日 阪神11R
アーリントンC（GⅢ）芝1600m良

具体例 重いレース

着	馬名	斤量	タイム	位置取り	上がり	人気
1	5 ⑩ダノンスコーピオン	56	1.32.7	10-10	33.6	1
2	7 ⑭タイセイディバイン	56	1.32.8	6-4	33.9	7
3	1 ①キングエルメス	56	1.32.9	3-4	34.1	4
4	6 ⑫ジュンブロッサム	56	1.32.9	16-17	33.3	2
5	5 ⑨ディオ	56	1.33.2	10-12	34.0	3
6	1 ②トゥードジボン	56	1.33.3	6-8	34.3	5
7	4 ⑧ウナギノボリ	56	1.33.4	13-14	34.1	13
8	3 ⑤ニシノスーベニア	56	1.33.5	17-17	33.9	16
9	2 ④アスクコンナモンダ	56	1.33.5	6-10	34.4	8
10	7 ⑬ヒルノショパン	56	1.33.6	3-4	34.8	18
11	8 ⑱カワキタレブリー	56	1.33.7	3-3	35.1	12
12	6 ⑪ドンフランキー	56	1.33.7	12-13	34.5	6
13	8 ⑰セルバーグ	56	1.33.8	10-8	34.8	17
14	8 ⑯ストロングウィル	56	1.34.0	6-4	35.2	9
15	7 ⑮ムーンリットナイト	56	1.34.0	13-14	34.7	11
16	3 ⑥メイケイパートン	56	1.34.0	2-2	35.5	15
17	4 ⑦デュガ	56	1.34.3	17-16	34.9	10
18	2 ③ジャスパークローネ	56	1.35.5	1-1	37.0	14

ラップ 12.1 - 10.6 - 11.6 - 12.0 - 12.2 - 11.3 - 11.1 - 11.8

ペース 12.1 - 22.7 - 34.3 - 46.3 - 58.5 - 69.8 - 80.9 - 92.7 （34.3-34.2）

単勝250円　複勝150円 400円 310円　枠連1,220円　馬連2,250円
ワイド920円 630円 2,540円　馬単2,940円　三連複6,350円　三連単22,540円

ラスト1F 11.8　　**ラスト200mからの落差** 0.7

　3、4コーナーから直線で11.3-11.1とトップスピードで突入したが、ラスト11.8。進路を外へ切り替えながら差し切ったダノンスコーピオンは、着差以上に強い内容。同コースでも「軽いレース」と評した同年桜花賞との差が際立つ。桜花賞は、スローペースであったにもかかわらず、トップスピードに乗ることが多いラスト400～200m地点で11秒台前半のラップを刻めなかった点で、世代レベルとして大幅減点。

2022年1月23日　中山11R
AJCC(GⅡ)芝2200m良

具体例
重いレース

着	馬名	斤量	タイム	位置取り	上がり	人気
1	1 ①キングオブコージ	56	2.12.7	13-13-12-8	34.7	3
2	8 ⑭マイネルファンロン	56	2.12.9	12-12-11-6	35.1	11
3	6 ⑨ボッケリーニ	56	2.13.0	4-4-7-8	35.5	4
4	2 ②アサマノイタズラ	56	2.13.0	14-14-14-11	34.8	7
5	4 ⑥ポタジェ	56	2.13.1	6-7-10-8	35.4	2
6	7 ⑪オーソクレース	55	2.13.1	6-6-3-2	35.8	1
7	3 ④クレッシェンドラヴ	56	2.13.3	4-4-3-4	36.0	12
8	8 ⑬スマイル	56	2.13.3	8-8-3-2	36.0	8
9	4 ⑤エヒト	56	2.13.4	8-8-7-11	35.8	9
10	6 ⑩ラストドラフト	56	2.13.6	8-8-7-6	36.1	5
11	5 ⑧アンティシペイト	56	2.13.7	8-11-12-13	35.8	6
12	5 ⑦ダンビュライト	56	2.13.7	2-2-1-1	36.7	10
13	7 ⑫ソッサスブレイ	56	2.15.1	3-3-2-4	38.1	14
14	3 ③キャッスルトップ	57	2.18.9	1-1-3-14	41.6	13

ラップ 12.5 - 11.4 - 12.6 - 12.3 - 12.4 - 12.1 - 11.9 - 11.8 - 11.8 - 11.7 - 12.2

ペース 12.5 - 23.9 - 36.5 - 48.8 - 61.2 - 73.3 - 85.2 - 97.0 - 108.8 - 120.5 - 132.7（36.5-35.7）

単勝780円　複勝350円 1,880円 410円　枠連5,880円　馬連34,330円
ワイド7,310円 1,330円 10,970円　馬単60,920円　三連複87,240円　三連単720,760円

ラスト1F 12.2　　**ラスト200mからの落差** 0.5

　ラップの落差的に、「軽い」「重い」どちらに入れようか迷ったが、ラスト200m付近で後方勢が先頭付近にいたことを考慮して「重い」に分類（先行勢が垂れているため）。他章でも言及しているが、真冬の中山は芝が寒さでボロボロに枯れて、外差しが届くトラックバイアスになりやすい。先述したヴィクトリアマイルとは真逆で、ペースが多少スローになっても、よほど強くなければ惰性で押し切れるほど甘くない。有馬記念を逃げ切ったキタサンブラックやダイワスカーレットの強さは際立つ。
　なお、「重い」レース質は、ここ数年でかなり少なくなった。JRAの馬場造園課が高速馬場を提供してくれていることに加え、ディープインパクトやロードカナロアら「スピード偏重」の種牡馬が台頭していることが影響していると考えられる。「重い」レース質がどんどん少なくなっている傾向にあり、行ったもん勝ちの競馬に拍車が掛かっている。このレースでは、「軽い」レースで凡走を続けていた馬が大穴をあけた。

ラップタイム　大事なところだけ切り取る

　私の場合、よく言われる「Ⓐ持続力が求められるラップ」「Ⓑスローからトップスピードが求められるラップ」のような全体のラップタイムはあまり気にしません。なぜかと言うと、ラップタイムって物凄く奥が深くて、中途半端に深入りしてはいけない分野だと思っているからです。データを整理する手間が半端ではないし、JRA公式のラップタイムは先頭を走っている馬の通過タイムだから、大逃げで急に垂れてきた場合なんて、数字がアテになりません。かと言って、1頭1頭全部のラップタイムを自分で計測できるか？と言われれば、そんなのは無理です。要は、ラップタイムに傾倒しすぎれば、肝心の「能力比較」「馬場読み」が疎かになるのは目に見えています。だからこそ、ラップタイムについては見るべきポイントを絞って、限定的にファクターとして取り入れています。

　例えば、先述したⒶ、Ⓑについては、一般的に以下のことが常識とされています。

Ⓐ持続力が求められるラップ

モデルケース	5月 目黒記念

➡大概の場合、高速馬場で簡単には垂れないトラックバイアス。「行ったもん勝ち」の状況で仕掛けが早いだけ。だから、騎手は早めに仕掛けたくなると考えるのが自然。

Ⓑスローからの瞬発力が求められるラップ

モデルケース	11月 アルゼンチン共和国杯

➡大概の場合、馬場が傷んでボロボロ。ハイペースで飛ばしていけば、直線で垂れるのは誰が考えてもわかる。だから、騎手はゆったり回ってきて直線まで力を温存したくなると考えるのが自然。

　Ⓐ、Ⓑで何が言いたいのかと言うと、「結局のところ、トラックバイアスと馬場読みができていれば、ラップ構成は大方予想がつきますよね？」ということ。上記Ⓐ、Ⓑの本質は以下の通りです。

Ⓐ例年の目黒記念のように、内前が有利な馬場状態で、そう簡単に先行勢が垂れないならば、騎手は早め早めにレースを動かして、先行勢は垂れないまま惰性でゴールまで押し切りたい思惑がある。→よく言われる「ポテンシャル戦」の正体がコレ。→内側の馬場状態が良ければ、レースは早め早めに動く可能性が高いが、結局は内前有利。

Ⓑ例年のアルゼンチン共和国杯のように、内側の馬場がボロボロで外差しが利く馬場状態で、先行勢が垂れやすいならば、騎手は仕掛けをギリギリまで遅らせて、先行勢でもなんとかゴールまで垂れないままもたせたい思惑がある。→よく言われる「上がり3Fの瞬発力戦」の正体がコレ。→内側の馬場状態が悪ければ、先行勢は差されることを警戒して、残り600m前後までゆったりと流れる可能性が高いが、結局は外差し有利。

　だから、ラップタイムにはあまり深入りせずに、大事なところだけを切り取れば良いよね、というのが私の考えです。

注目すべき点① 　スタート直後200mのラップタイム

　レースの距離（短距離／中距離／長距離）やコース形態（上り坂／下り坂）にもよりますが、スタート直後200mのラップタイムは「ダッシュ力」「先行力」を見抜くのに有用です。目安としては、12秒台前半で逃げ先行のポジションを確保できる馬は、先行力が

あると言えます。オープンクラスでも、馬なりで12秒台前半を叩き出せる馬は「先行力あり」と分析できます。一方で、押して押して強引に逃げ先行のポジションをやっとの思いで確保している馬は、先行力がかなり怪しい。馬なりで先行できる馬に太刀打ちできないのではないか？と懐疑的に見ることができます。

2021年スプリンターズSの寸評で隊列予想した事例を以下に示します。

⑯モズスーパーフレア

先行意欲 ★★★★★
ダッシュ力 ★★★★★

➡言うまでもなく、先行意欲もダッシュ力もピカイチです。逃げの筆頭（馬なりで11秒台を叩き出せる稀有な馬）。

⑧ビアンフェ

先行意欲 ★★★★★
ダッシュ力 ★★★★☆

➡前年のスプリンターズSや函館スプリントSと同様、強引に前につけるだろうと考えました。ダッシュ力は⑯に劣るので、よほど好スタートを決めない限り、2番手が濃厚。

④ピクシーナイト

先行意欲 ★★★★☆
ダッシュ力 ★★★★★

➡ダッシュ力はモズスーパーフレアに引けを取りませんが、あえて控える競馬ができるので3、4、5番手の好位につけるだろうと考えました。

⑫レシステンシア

先行意欲 ★★★★☆
ダッシュ力 ★★★★☆

➡先行意欲、ダッシュ力は⑯⑧④に劣るので、先行ポジションが濃厚。

⑤ファストフォース

先行意欲	★ ★ ★ ★ ★
ダッシュ力	★ ★ ★ ☆ ☆

➡先行意欲はありましたが、肝心のダッシュ力が欠如。逃げるのは難しい。スタートで立ち遅れて、④⑫を追いかける形になる可能性が高いと考えました。

「先行意欲」は騎手の思惑、「ダッシュ力」は馬の性能です。戦前の寸評で触れましたが、「⑯⑧が逃げのポジションを取るだろう」と言及しました。④⑫は控える競馬もできるので、あえて逃げのポジションを取って目標にされる必要はありませんでした。したがって、好位からの競馬が濃厚と考えました。

　問題は⑤。ファストフォースは、④⑫のような末脚でのトップスピードに劣るため、逃げたい思惑があったようですが、肝心のダッシュ力が⑯⑧④⑫よりも劣ります。北九州記念を見ても、スタート直後にモズスーパーフレアから大きく後方へ置いていかれました（スタート直後のラップタイムは11.7）。北九州記念では、モズスーパーフレア以外にそれほど速い馬がいなかったので目立ちませんでしたが、スプリンターズSはテンが速い馬が多く、相手が違いました。⑯⑧④⑫のようにダッシュ力が強烈な馬が相手では、とても太刀打ちできません。

　上記の通り、スプリント戦では、「どの馬が逃げるか?」は馬の性能がモノを言います。よくある「陣営が逃げたいと言っている」のを鵜呑みにする前に、馬個体の性能を吟味する必要があります。ファストフォースは、それを考えさせられる良い教材だったので、紹介しました。

　このように、レースに出走してくる各馬がどのポジションに収まるかは、過去のレース動画をいくつか見て、ザックリとその馬がスタート直後の200mを何秒で通過しているかを確認し、推測します。それを考えることにより、隊列がどうなるか大方想像できます。展

2021年10月3日　中山11R
スプリンターズS（GI） 芝1200m良

着	馬名	斤量	タイム	位置取り	上がり	人気
1	2 ④ピクシーナイト	55	1.07.1	3-2	33.4	3
2	6 ⑫レシステンシア	55	1.07.4	4-4	33.5	2
3	1 ①シヴァージ	57	1.07.4	5-5	33.4	10
4	3 ⑥メイケイエール	53	1.07.8	7-7	33.5	7
5	8 ⑯モズスーパーフレア	55	1.07.8	1-1	34.5	5
6	7 ⑭ダノンスマッシュ	57	1.07.8	5-6	33.8	1
7	4 ⑧ビアンフェ	57	1.07.9	2-2	34.3	9
8	5 ⑨クリノガウディー	57	1.08.0	7-10	33.8	6
9	1 ②ミッキーブリランテ	57	1.08.0	7-7	33.7	13
10	2 ③ラヴィングアンサー	57	1.08.0	12-11	33.5	15
11	6 ⑪ジャンダルム	57	1.08.1	7-11	33.8	4
12	4 ⑦タイセイビジョン	57	1.08.3	16-16	33.2	11
13	5 ⑩エイティーンガール	55	1.08.3	15-15	33.4	14
14	7 ⑬アウィルアウェイ	55	1.08.4	14-13	33.6	12
15	3 ⑤ファストフォース	57	1.08.6	7-7	34.4	8
16	8 ⑮ロードアクア	57	1.09.0	12-13	34.5	16

ラップ 11.7 - 10.6 - 11.0 - 11.1 - 11.3 - 11.4

ペース 11.7 - 22.3 - 33.3 - 44.4 - 55.7 - 67.1 (33.3-33.8)

単勝530円　複勝200円 160円 770円　枠連700円　馬連890円
ワイド460円 2,760円 2,030円　馬単1,910円　三連複9,050円　三連単38,610円

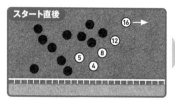

スタート直後

モズスーパーフレアが桁違いのスピードであっと言う間に先頭へ。次元が違う。ちょっと遅れて、ゴリ押ししたビアンフェが2番手に収まる。その後ろに、馬なりでレシステンシア、ピクシーナイト。この4頭は、素晴らしい先行力。

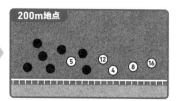

200m地点

ファストフォースはやや出負けしたのもあるが、鞍上がゴリ押ししても一向に進まない。「逃げたい」宣言はあったが、スピードのない馬はそもそも、その土俵に立てない。陣営の「逃げたい」を鵜呑みにしてはいけない典型であった。

開を予想する上で、スタートから200mが全てと言っても過言ではありません。

　そこから残り800mくらいまでは、騎手によほど肝が据わっていない限り隊列は動きません。ルメール騎手、デムーロ騎手、池添騎手は結構平気で動いていきますが、中堅未満の騎手にはそれができません。失敗すれば馬主、調教師に怒られるのが容易に想像できます。怒られるだけならまだ良いですが、最悪の場合は干されます。そんなリスクを背負って冒険するような人は、なかなかいませんね。

注目すべき点②　　ゴール手前200mのラップタイム

　前述したようにラスト200mはレース質が凝縮しています。ここでラップがそれほど落ちていないレースは、前目から垂れずに惰性で押し切れる「軽い」レース（目安：12台前半以下で、落差0.3秒以内）です。一方で、急激にラップタイムを落としている「重い」レース（目安：12秒台中盤で、落差0.5秒程度）は、前目で粘り込もうとしている馬にとっては厳しいレースになります。これらを踏まえた上で、気を付けなければならない点を以下に示します。

▶軽いレース質で先行して快勝

　下級条件の東京や阪神外回りで多く見られますが、直線を向くまで全馬が馬なりの場合は、かなりの余力があります。仕掛けてから抜け出して、そのまま快勝。この場合は、クラスが上がって同じようなビジュアルのパフォーマンスを出せるか、かなり怪しいです。本章「競馬は見た目が9割 直感は大切に！」で挙げたエクランドールのように、3歳1勝クラス（東京芝2000m）で早めに抜け出してラストを11.6でまとめているにもかかわらず、2着テンカハルに3/4馬身差まで迫られているのは、オープンクラス、延いては重

賞で戦うのには厳しいと言わざるを得ません。

▸▸重いレース質で追い込み一気

　わかりやすい例がマイネルファンロンです。新潟記念では外ラチ沿いまで持っていって大外一気の大味な競馬で穴をあけて（ラスト11.0‐12.1 落差1.1秒）、さらにAJCCでも2着に食い込んで穴をあけました（ラスト11.7‐12.2 落差0.5秒）。重いレース質の場合は、多くの場合で馬場が荒れていて外差し有利なトラックバイアスであることが多いため、高速馬場で内前有利なトラックバイアスではノーチャンスということが少なくありません。

マイネルファンロンの戦績　　※2021年〜2022年11月末時点

日付	レース名	コース	ラスト1F	落差	人気	着順
2021/1/30	白富士S(L)	東京芝2000良	11.8	0.2	12	11
2021/7/4	巴賞(OP)	函館芝1800良	12.3	1.0	7	2
2021/7/18	函館記念(G3)	函館芝2000良	12.1	0.5	7	14
2021/9/5	新潟記念(G3)	新潟芝2000良	12.1	1.1	12	1
2021/10/10	毎日王冠(G2)	東京芝1800良	11.9	0.5	13	12
2021/11/14	福島記念(G3)	福島芝2000良	13.1	1.0	14	8
2021/12/11	中日新聞杯(G3)	中京芝2000良	12.6	1.3	14	17
2022/1/23	AJCC(G2)	中山芝2200良	12.2	0.5	11	2
2022/5/1	天皇賞春(G1)	阪神3200稍	13.2	1.5	14	6
2022/6/26	宝塚記念(G1)	阪神芝2200良	12.4	0.4	14	5
2022/10/10	京都大賞典(G2)	阪神芝2400稍	11.7	0.8	8	14
2022/11/6	AR共和国杯(G2)	東京芝2500良	11.8	0.2	15	15

次の勝ち馬を探す

　レースが終わったら、次走で狙いたい馬を考えていきます。具体的には、以下の通りです。

➤ **レース中に明らかに不利を受けた馬**
➤ **たまたま出遅れた馬（※出遅れグセがある場合を除く）**
➤ **人気を背負っているのに凡走**
➤ **内前有利なトラックバイアスで、外枠発走から終始外を周回して凡走**
➤ **逃げたかったが同型の馬がいたために逃げられず凡走**
➤ **逃げ・先行馬に有利なトラックバイアスで追い込んだが届かず凡走**
➤ **明らかに苦手な条件（馬場状態、コース、右回り／左回り）で凡走**

　他にもありますが、上で挙げた内容は「そんなの当たり前だよ」と思う方も多いと思います。しかし、その情報が新聞やテレビなどから仕入れたものなのか、自分でレース映像などから考察して仕入れたものなのかによって、その「価値」は大きく異なります。自分で能動的に仕入れた情報は、知っている人が少ないので有益です。一方、新聞やテレビなどから仕入れた受動的な情報は知っている人が多く、オッズを大きく動かすので無益です。自分で能動的に情報を仕入れるには？　そうです、地道に過去のレース映像を見るしかありません。

　ただし、他章でも言及していますが、馬個体の能力比較やキャラを掴むことのほうが優先順位は上です。例えば、不利を受けた馬であっても、その馬が能力を出し切ったときの最高のパフォーマンス（最大出力）はどの程度なのか？　出走メンバーの最高パフォーマンスと比較した場合の序列はどうなるのか？　好走パターンに該当するか？を見なければなりません。

　不利を受けた馬であっても、不利がなければ好走していたとは限

りません。したがって、馬個別の「最大出力」を把握することのほうが、はるかに大事と考えます。

　本項目の末尾にこのような但し書きを入れたのは、2022年11月にJRA-VANでパトロールビデオが手軽に見ることができるようになったアップデートがあり、Twitterでは喜びの声が溢れました。私の場合ですが、パトロールビデオは一切見ていませんし、今のやり方で設計回収率=130%を叩き出せると思っているので、これからも見る気はありません。私は、パトロールビデオから得られる情報は極めて限定的で、見たとしても有益な情報を得られるレースは数十レースに1レース程度しかないと考えています。「第2章 働き方改革 不要を捨てる」で言及した通り、パドックや調教映像と同様に、一般的なレース映像を徹底的に検証すれば、今まで通り勝てると考えています。それをやるだけでも相当な労力が必要で、タイムアップです。

　「玉嶋さん、ちょっと待って。パトロールビデオにもお宝は眠っていて、それをやれば設計回収率=140%に持っていけるのでは？」というツッコミがありそうですが、私の場合、参戦するレース数が少ないため、実際の回収率を設計回収率に収束させるのに課題があります。したがって、パトロールビデオを見ることができる時間的余裕があるのなら、芝オープンクラス限定ではなく他のクラスに守備範囲を拡げて、参戦できるレース数を増やします。でも、それは現実的ではないので、「第11章 馬券戦略 高回収に仕上げる」で紹介する「単勝多点買い」や「絞り込み型フォーメーション」に行き着いて、強引に設計回収率通りに収束させるのですが……。

経年変化　馬の脚質・メンタルは変化する

　馬も人間と同じで、年とともに子供から大人になり、そして衰えていきます。2歳の時はヤンチャで掛かりまくっていた馬が年とともに位置取りが下がる、というのはよくある話です。好意的に捉えれば「気性が落ち着いた」と見ることもできますが、その反面「闘争心がなくなった」と見ることもできます。

　オークスのソダシ、弥生賞のダノンザキッド、一昔前ならダービーのエピファネイアはレース中掛かり通しで敗れました。メイケイエールなんて、2021年スプリンターズS以前は酷すぎて議論の余地がありません（2021年桜花賞、キーンランドC、スプリンターズS）。メイケイエールの場合は、翌年2022年シルクロードSでようやく折り合いがつき、その才能が開花しました。正確に言えば、「持っている能力をレースで出し切れるようになった」というほうが適切かもしれません。2022年高松宮記念では17番枠からロスの大きい競馬で5着に敗戦しましたが、次走の2022年京王杯スプリングCでは、前目のポジションを取って折り合いを付ける競馬で快勝。さらにセントウルSも快勝。スプリンターズSでは外枠から強引に先行ポジションを取りに行って垂れてしまった結果なので、それほど悲観するような内容ではないと思います。いずれにしても、メイケイエールは4歳を迎えて気性が安定したことによって、本当に強くなりました。

　少々脱線したので、本題に戻します。「馬のメンタル　経年変化」の見極めは非常に難しいですが、スタート直後、馬なりで先行できていた馬があるレースを境に、騎手がグイグイ押してポジションを取りに行っている場合は注意が必要です。馬が「もう走りたくない」というサインを出しているかもしれません。

　人間でも、ベテランのプロ野球選手が「気持ちがついていかなくなった」と毎年引退していきますが、競走馬も例外ではありません。

スタート直後にズブくなっていたり、直線で食い下がる素振りを見せなくなっていたりすれば、「闘争心に陰り」が出てきているサインと考えています。闘争心がないと、苦しいのを我慢して「先頭でゴールを駆け抜けよう」とする気持ちが弱まってきます。

例えば、モズスーパーフレアの2021年シルクロードS。高松宮記念の前哨戦でしたが、直線を向くと抵抗することなく後方へ下がっていきました。それ以前は、馬券圏外に飛ぶことはあっても、残り200mまでは毎度先頭争いをしていたので、明らかにそれまでとは違いました。衰えのサインです。今後、よほどのことがない限りは、この馬を単勝で狙うことはないと思っていました（その後、好走することはあっても3着まで。往年の強さはなく、2021年末に引退）。

あとは、「気性が落ち着いて折り合いがつくようになった。これなら距離延長しても大丈夫」のようなコメントは要注意です。単に闘争心がなくなっただけの可能性が非常に高いです。たまに、「馬が大人になって折り合いがつく」みたいなコメントを見ますが、論外です。単純に闘争心が衰えて、直線を向いた頃にはジリジリと馬群に沈んでいくパターンをよく見ます。モズスーパーフレアの例とは異なりますが、スプリント路線の短い距離で使っていた馬が「折り合いがつくようになってきたから」という理由でマイル路線に出てくる場合は注意が必要です。単純に、前進気勢を失っているだけの可能性があります。

逆に、掛かる馬はどうでしょうか？　私はプラスに捉えます。掛かるということは馬に前進気勢、前向きさがあるという裏付けです。たまたま掛かる気性がマイナスに出て負けることがあるかと思いますが、ズブさが出て折り合いがつくようになった馬よりもよっぽど見込みがあります。例えば、2020年オールカマーでカレンブーケドールが向こう正面で見せた掛かり方は、かなり見応えがありました。仮にそのレースで負けてしまったとしても、今後の活躍が期待

できるのは、こうやって自分から進んでいこうとする前向きさがある馬です。その後、カレンブーケドールは2020年ジャパンカップで4着、有馬記念5着、2021年日経賞2着、天皇賞春で3着と一線級相手に活躍しています。その後は、徐々に前進気勢がなくなってきて、2021年宝塚記念のときには見せ場はあったものの、大きく離れた4着に沈んでかなり衰えの兆候が見られました（その後は、2021年天皇賞秋で惨敗し、ジャパンカップを回避してそのまま引退）。

　2022年は、NHKマイルCから安田記念、富士S、マイルCSのローテーションを組んだセリフォスに注目しました。NHKマイルCでは、内枠から抑えが利かずに道中は掛かり気味で直線伸びずに4着。安田記念では、一転して外枠から後方へ下げて折り合い専念で差し競馬で4着。秋には富士Sを中団からの競馬で快勝して差し競馬が板についてきて、持っている能力を出し切れるようになりました。「これならいけるだろう」と考え、2022年マイルCSでは高い評価としました（単勝4点で的中）。

コース適性　○○巧者を見つける

　これはコース別の成績を見ればわかります。個人的には、距離別成績よりも重要だと考えています。特定の競馬場で水を得た魚のように激走する馬がいます。有名どころではエリモハリアー（函館）、ナカヤマフェスタ（中山）、ウオッカ（東京）、最近だとアーモンドアイ（東京）、ウインブライト、ヒシイグアス（中山、香港）、ラヴズオンリーユー（香港）、ナックビーナス（中山）、セイウンコウセイ（中京）、ライオンボス（新潟千直）、ドレッドノータス（京都）、コントラチェック（中山）、タイトルホルダー（阪神、中山）あたりでしょうか。周りの人が気付いてしまえば期待値が下がるので、その前に買いましょう。例えば、2019年ウインブライ

競馬の教科書
発想を変えるだけで回収率は上がる

レースと着順	単勝オッズ	馬券の購入
中山金杯GⅢ（1着）	8.4倍	買うべき
中山記念GⅡ（1着）	7.0倍	微妙
オールカマーGⅡ（9着）	3.0倍	買わない

　恐らく、中山金杯のときは当馬が中山巧者ということがあまり認知されていなかったのではないかなと考えています。金杯を勝った時点で中山巧者ということが一気に浸透し、中山記念ではGⅠ級の馬が何頭も出てくる大幅な相手強化にもかかわらず7.0倍でした。結果的に勝ちましたが、この時点から、ウインブライト絡みの馬券はもう買えません。オールカマーで買うのはもっとダメです。私はこのとき、かなり危険な人気馬と考えました。理由は、この時期の中山はスピード競馬に偏っており、それが苦手な当馬には条件が向かないと考えたからです。ウインブライトは戦績を見ればはっきりわかりますが、パワータイプです。勝ち時計が速いときは例外なく凡走しています（※2020年オールカマーのように、時計の掛かる馬場であれば狙えたと思います）。

　新聞やテレビで騒がれる前に気付くためには、自分で動画や過去の戦績を調べるしかありません。ただし、戦績と言っても、下級条件のレースは適性に関係なく能力で押し切っている可能性が高いので、あまりアテになりません。私の場合は2勝クラス以上からコース適性を参考にして、それ未満のクラスは基本的に無視しています。競馬新聞やスポーツ紙の見出しに「中山巧者」のようなフレーズが出てくるようになったら競馬ファンの大多数に認知されてしまうので手遅れです。地味で時間がかかる作業ですが、やらなければ穴馬券は獲れません。

　最近の例だと、阪神競馬場でGⅠ3勝（菊花賞、天皇賞春、宝塚記念）を挙げているタイトルホルダーは、宝塚記念まではそこまで

人気になりませんでしたが、いよいよ馬券で買えなくなりそうです（消そうにも消せないが、リスク・リターンが割に合わない）。

人気馬の凡走理由　負けには必然がある

　人気馬の凡走後は人気を落としやすいので狙い目です。凡走した理由は徹底的に検証します。検証した結果、今回狙えそうなら積極的に狙いにいきます。凡走で疲労が溜まっておらず、評価も落とすため馬券期待値が高いです。凡走した理由が十分すぎるくらい説明できるならば、そのレースはノーカウントです。

　例えば、セントライト記念で二桁着順に敗れたタイトルホルダーは典型的でした。直線では誰が見てもわかるほど進路を失い、惨敗した結果、菊花賞では大きく人気を落としました（単勝4番人気8.0倍）。能力的にはトップクラスであることは春のクラシック戦線から明らかだったので、絶好の狙い時でした。

流して快勝　それって大丈夫?

　馬はバテなければ、ムチなんか入れなくても全速力で走ります。芝オープンクラスに上がれる馬なら、なおさらです。流して圧勝は、実は危険。さらに、マイペースで圧勝した馬でも、ハイペースに巻き込まれたら、バテて惨敗する可能性があります。「クラスの壁」の項でも言及した通り、芝3勝クラスとオープンクラス、さらには重賞クラスの間にはレース質で大きな差があり、クラスが上がるごとにどんどんタイトなレースになっていきます。したがって、下級条件での「流して快勝」は懐疑的に見るべきと考えます。

展開に恵まれなかった？
要領が悪いだけじゃない？

　よく「前走は展開に恵まれなかった」と聞くことがあります。出遅れや、直線で詰まってしまった場合です。しかし、本当にそうでしょうか。「出遅れなければ」や「前が詰まらなければ」というのは「タラレバ」でしかありません。根拠はありませんが、経験上こういう立回りの下手な馬は、大体同じことをやらかします。しかも過剰人気することが多いので、馬券的な妙味はありません。学生時代を思い出して下さい。要領の悪いヤツは、なぜかいつも先生に怒られていたでしょう？　それと同じです。逆に立回りの上手い馬は「恵まれただけ」と過小評価されやすく、こういう馬はレースセンスが優れている場合が多いので、むしろそちらを狙うのが定石です。悪いことをやっても、なぜか先生に怒られない要領の良いヤツです。

第 7 章

トラックバイアス

▶▶ 馬場を見極める ◀◀

競馬の教科書

馬場読み(トラックバイアス)　大事な理由は?

「馬場読み（トラックバイアス）」は、第3章でも言及した通り、核となるファクターです。馬場読みがなぜ大事かと言うと、

①馬場が読めないと、精度の高い能力比較ができません。
②精度の高い能力比較ができないと、質の高い予想ができません。
③質の高い予想ができないと、期待値の高い買い目がわかりません。
④期待値の高い買い目がわからないと、勝てません。

　つまり、馬場読みができなければ、競馬で負けるということです。

競馬場についての解説① コース形態

　冒頭で言及した通り、「馬場読み（トラックバイアス）」は本書の核となるファクターです。それを念頭に置いた上で、予想をする際に知っておかなければならないのが「コース形態」です。自分が狙っているレースのコース特徴を頭に入れてから予想するほうが、馬場読みも展開予想もしやすくなります。

　例えば、本章で紹介する小倉1200mはスタートからゴールまでほぼ下り坂であり、中山1200mもゴール手前に上り坂があるものの、スタート直後から前半600mは急な下り坂です。一方、2022年9月現在改修工事中の京都1200mは、スタート直後200m以内でスピードが乗ってくる地点で上り坂が待ち構えています。京都1200mでは、この地点で減速を余儀なくされるため、小倉・中山よりもスタミナを削られる上に減速し、再加速するためにもスタミナが削られます。特に、真冬の京都では気温が氷点下まで下がることがあるため、馬場が枯れてボロボロになります。改修後はどうなるかわかりませんが、どんなに馬場造園課の技術が向上しても、相

手は自然と植物（芝）です。改修工事後の真冬の京都開催が始まったら検証しますが、先行した馬が垂れやすい条件が揃っているため、現代競馬であまり出現しない外差し有利なトラックバイアスになる可能性が高いと考えています。

　このように、コース形態によっても有利不利が発生するため、大前提としてこれらを頭に入れてトラックバイアスの分析をしないと、高い精度の検証はできません。

　競馬場には、それぞれのコースの特徴があります。「コーナー形態」「坂」「枠順の有利不利」等。どんなコースであるかは、競馬情報サイトを見れば概ね把握できます。二次元のコース図だけではなく、スタートからゴールまでの「上り」「下り」をビジュアル的に可視化しているものがオススメです（私は「競馬ラボ」を見ています）。例えば小倉1200mのレースでは、スタート直後から3コーナーに向けて、一気に下っていくのがビジュアル的に理解できます。

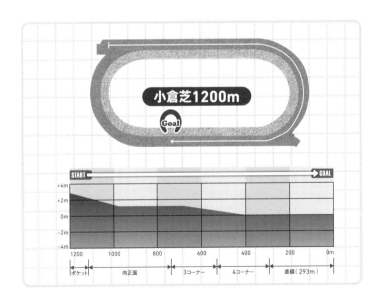

2022年7月3日　小倉11R
CBC賞（GⅢ）芝1200m良

着		馬名	斤量	タイム	位置取り	上がり	人気
◎ 1	3 ⑤	テイエムスパーダ	48	1.05.8	1-1	34.0	2
△ 2	4 ⑧	タイセイビジョン	57	1.06.4	14-12	33.5	3
◎ 3	1 ②	アネゴハダ	49	1.06.5	3-3	34.4	1
◎ 4	6 ⑫	スマートリアン	53	1.06.7	15-15	33.7	5
5	5 ⑩	メイショウチタン	54	1.06.8	8-8	34.4	13
6	5 ⑨	ロードベイリーフ	54	1.06.9	11-8	34.2	8
7	8 ⑮	スティクス	52	1.06.9	2-2	35.0	6
8	7 ⑭	タマモティータイム	50	1.06.9	8-4	34.5	11
9	6 ⑪	カリボール	54	1.07.0	11-12	34.3	7
10	8 ⑯	アンコールプリュ	53	1.07.1	11-12	34.4	12
11	3 ⑥	メイショウケイメイ	51	1.07.2	16-15	34.0	15
◎ 12	8 ⑰	ファストフォース	56	1.07.4	3-4	35.3	4
13	1 ①	レインボーフラッグ	53	1.07.5	5-4	35.2	16
14	2 ④	シホノレジーナ	49	1.07.8	10-11	35.3	14
15	4 ⑦	スナークスター	52	1.07.9	17-17	34.5	17
16	2 ③	レジェーロ	54	1.08.4	5-4	36.1	9
17	7 ⑬	モントライゼ	55	1.09.1	5-8	36.8	10

> **ラップ** 11.4 - 10.0 - 10.4 - 10.9 - 11.1 - 12.0

> **ペース** 11.4 - 21.4 - 31.8 - 42.7 - 53.8 - 65.8 (31.8-34.0)

単勝500円　複勝190円 170円 160円　枠連1,750円　馬連1,770円
ワイド680円 480円 550円　馬単3,170円　三連複2,320円　三連単12,160円

　2022年CBC賞では、今村騎手がテイエムスパーダで重賞初騎乗初勝利（1分05秒8 日本レコード）を決めました。前半600mのラップタイムは驚愕の31秒8。下り勾配から直線は平坦のコース形態で、馬場状態が良好であれば、テンのダッシュ力さえあれば好走可能なのはコース図を事前に見ておけば、想像がつきます。同日の小倉8Rの3歳上1勝クラスが1分06秒8で先行決着している

ことを考慮すれば、なおさらです（超高速馬場）。

　この日は、古馬重賞初挑戦ながら、テイエムスパーダとアネゴハ
ダは「消すに消せない人気馬（素直に評価）」でした。2022年フィ
リーズレビューでこの2頭は、馬なりでスタート直後に12秒0
のラップを刻み、先行のポジションを確保していました。他章で触
れているように、先行力のある軽斤量の3歳馬が古馬重賞（特にス
プリント）に挑戦する場合は、素直に高い評価を与えるのが定石で
す。

　小倉1200mのコース形態は、多くの競馬ファンに認知されてい
るため、これを知ったからと言ってそれほどのアドバンテージには
なりません。しかし、あまり知られていないコース形態であれば、
ハナシは別です。それを知ることによって貴方以外の競馬ファンと
差別化でき、大きなアドバンテージを得ることができるのです。

　以下にいくつか具体例を挙げてみます。

中山芝1200m

　スタートからダラダラと下り坂になっており、スピードに乗りやす
く600m33秒を切るような前傾ラップになることが多いですが、
それにもかかわらず前が止まらず先行勢が押し切るパターンが多い
のが特徴です。理由は、体力をゴール手前まで温存しやすいからで
す。テンのスピードに秀でたモズスーパーフレアのようなタイプが
得意とするコースです。

　スプリンターズSが有馬記念前週に施行されていた時代（1999
年以前）には荒れた馬場であったために差し追い込み勢にもチャン
スがありましたが、2000年以降は馬場状態が良好な9月末〜10月
上旬に施行されるようになり、逃げ、先行天国と化しました。個人
的には、脚質によって有利不利があまりに大きいこのコースでG
Iをやるのは「どうなの？」と思っています。

競馬の教科書
発想を変えるだけで回収率は上がる

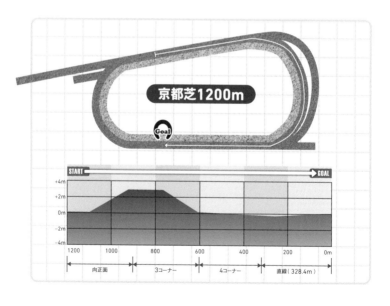

138

京都芝1200m

　スタートから上り坂なので、後傾ラップになることが多いです。具体的には、前半600mは33秒台が少なく、34秒台が多いです。しかも、意外と差しが決まります（特に、真冬の荒れ馬場。京都には私用でよく行きますが、真冬は盆地気候だから、本当に寒いです。早朝は氷点下なんてザラ。そりゃあ、馬場も枯れるよ）。スタート直後の上り坂で無理に先行しようとすると、ゴール前で力尽きるのが理由です。

　中山と違って、どうして後傾ラップになるのか？　数年前に坂のレイアウトを確認するまでは私も気付けませんでした。中山、京都それぞれの1200mの坂の特徴を知らずに「前傾ラップ」だとか、「後傾ラップ」だとか議論しても、本質には辿り着けません。中山のスタート600mは下りなので、前傾ラップになるのは当然です。上り坂で自転車を漕ぐのと、下り坂では違うでしょう？

中京芝1200m

　中京1200mは、中山と京都の中間です（やや中山寄りの先行有利）。

中山芝2000m

　スタート直後に上り坂があり、ここで一度体力が奪われます。さらにゴール前にも坂があるので先行勢がここで力尽き、ペースに関わらず差し決着になるパターンが多いです。ゴール前はスタミナ比べになりやすいので、阪神以外の2000mとは異質です。逆に、東京は坂越えが1回なので、中山とは体力の消耗具合が全く違います。違いはそれだけではありませんが、坂に着目した具体例として挙げました。

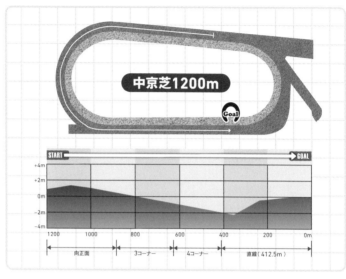

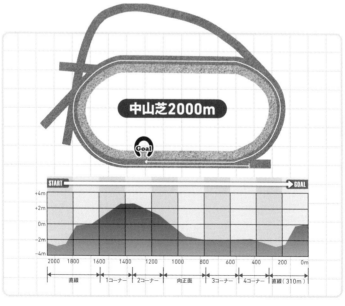

140

　坂のレイアウトを見るだけでもこれだけのことがわかります。「○mの通過タイムが○秒だから速い、遅い」とは一概には言えません。階段を登るのってキツイですよね？　馬はもっとキツイです。体重500kgもありますから。

　余談ですが、中山2000mは、近年の馬場造園課の尽力によって、枠の有利不利がなくなりつつあります。逃げ、先行、差し、マクり、追い込みどの脚質にもチャンスがあり、フェアなコースだと思っています。個人的な希望ですが、古馬GⅠを中山2000mで施行すれば面白いのにな、と思っています（私は決める立場ではないですし、議論するようなトピックではありませんが……希望です）。

　次に、競馬場ごとの特徴を以下にまとめました。条件は良馬場です。降雨時は実際にレースを見てみないとわからないので、ここでは対象外とします。ここでは「トラックバイアス」に主眼を置いて、東京競馬場、中山競馬場を例に紹介します。

東京競馬場

　年間を通じて「時計が速い」「上がりが速い」「前が止まらない」ことが最近のトレンドで、追込天国だったのは遠い昔です。開催後期になっても差しは届かないことが多いです。そのため、追込はノーチャンスということも珍しくありません。先行力があり、速い時計勝負が得意な馬から狙うのが定石です。しかし、この条件に当てはまる馬は競走馬としての性能が高く、人気になることが多いので、馬券的な妙味は薄くなりがちです。

中山競馬場

　開催時期によって全く別モノになる競馬場です。以下にそれぞれ

の違いについて解説します。

①9月：「時計が速い」「上がりが速い」「内枠・先行勢有利」

➡野芝開催であるため、非常に馬場が軽いです。野芝は荒れにくいので、開催終盤になっても前残り傾向が強いです。

　ただし、2020年は例外でした。梅雨が長引き、日照時間が短かったのが理由と考えます。①②③で書いていることはあくまで「基本」なので、例外になることはあります。盲信はせずに、本当にそうなのか？と考えることが非常に大事です。そう言えば、2020年初夏のレタスは異常にマズかった。芝の生育状態が悪かったことと無関係ではないと考えます。2021年秋開催は、例年通りの高速野芝となりました。前残り高速決着だったオールカマー（ウインマリリン）、スプリンターズS（ピクシーナイト）が典型的です。

②3～4月：①③の中間

③12～1月：「時計が遅い」「上がりがかかる」「外枠・差し有利」

➡①の傷んだ野芝が寒さで枯れた状態です。そこに洋芝の種を蒔いて育成するオーバーシードです。見た目は青々としていますが、根がしっかりと張っていないので芝が簡単に剥がれて傷みやすいです。その時期のレース映像を見ればよくわかりますが、キックバックで芝が剥がれている量が多いのがよくわかります。緑色の芝が土の上に乗っかっているような状態であり、土が露出しているのに近い状態です。厳密には野芝との混在ですが、野芝は寒いと枯れてしまいます。

　寒い時期のオーバーシードは、暖かい時期のオーバーシードと異なり根付きが弱く、馬が多く通る内から荒れていくので、開催終盤は外差し傾向になることが多いです。例えば、中山競馬場では年末の有馬記念頃から、1月末にかけて差しがバンバン決まるのはこれ

が理由です。阪神、京都も真冬は同じような傾向になります（強いて言えば、阪神はやや前残りが多い）。ここでは、秋口の高速馬場で惨敗しているパワー系の差し・追込馬が人気を落としていれば、それを狙い打ちします。

この時期の芝状態を予想するために、私は週間天気予報をチェックしています。目安としては、最低気温が10℃以下の寒い日が続くと、野芝が枯れて馬場が一気に悪化します。特に、雪が降るくらい寒くなるとその傾向がさらに加速します。2020年1月は中山、京都ともに暖冬傾向であり、暖かい日が多かったため、馬場はそれほど荒れずに内有利な馬場状態でした。2月は急に寒くなったので、馬場が一気に荒れて例年通りの激重馬場になりました。

さらに、JRAホームページ「馬場情報」では画像付きでチェックできます（画像は権利関係の都合で掲載できません。金曜日にJRAのホームページで閲覧できますので、各自で確認してください）。

「馬場の見た目（直感）」は非常に大事なので、毎週チェックすることを推奨します。具体的には、エリザベス女王杯やマイルCSの開催で芝の荒れ方が加速していきます。2022年は変則開催であり、京都よりは温暖な阪神で施行されているため、例年よりも荒れ方は酷くはないですが、2023年以降は改修工事を終える予定の京都開催となるので、注意が必要です。

上記①③の違いは特に注意が必要です。同じ中山競馬場であっても、条件が全く異なります。例えば、条件①オールカマーやセントライト記念を好時計で勝った馬は要注意です。同距離である条件③AJCCに出走する場合は大抵人気になるので、疑いの目をもって検証します（特に、加齢によってスピードが徐々に衰えていくことに留意）。①はスピードを、③はパワー・スタミナをそれぞれ要求されます。「スピード抜群だけど、パワー・スタミナはイマイチ」という馬は、危険な人気馬となる可能性があります。思い切ってパ

ワー・スタミナタイプ、マクリが得意な穴馬を探します。

③の時期は持ち時計が遅い馬にもチャンスが出てきます。冬の中山、京都、阪神で良績があり、近走に速い走破タイムのレースで凡走しているような場合は、人気が落ちる傾向があるので狙い目です。また、ダート馬やズブくなってきた高齢馬でも通用するのが特徴です。同様に人気がない場合が多いので、思い切ってそれを狙います。

馬も人間のスプリント選手、マラソン選手と似ていて、スピードとスタミナのどちらか一方が高いレベルであれば、もう一方は低い可能性を疑います。例えば、スプリントのボルト選手がマラソンに出場したとしても、速筋が発達し過ぎていてはガス欠を起こします。ディープインパクトのように、両方とも高いレベルで両立しているバケモノは例外です。強いて言えば、産駒に特徴がよく現れているパワーが弱点でしょうか。彼の場合は、馬場が渋った宝塚記念でも関係なくスピード・スタミナで圧倒して勝ちました。

以下に分類の具体的な代表例を挙げます（順不同）。

スピードタイプ ①

アーモンドアイ	ミッキーアイル	ソングライン
グランアレグリア	ジェンティルドンナ	シュネルマイスター
フィエールマン	サイレンススズカ	レイパパレ
ミッキースワロー(3,4歳)	サラキア	ソダシ
サングレーザー	トロワゼトワル	ダノンキングリー
モズスーパーフレア	キセキ(4歳)	ラヴズオンリーユー
ラッキーライラック	レシステンシア	ジャックドール
プリモシーン	コントラチェック	ウォーターナビレラ
ノームコア	ザダル	ダノンスコーピオン
ダノンファンタジー	シャフリヤール	ナミュール

パワー・スタミナタイプ 2

ウインブライト	ヴィクトワールピサ	アカイイト
ブラストワンピース	ステイゴールド	エイティーンガール
アドマイヤマーズ	クロノジェネシス	ステラヴェローチェ
スワーヴリチャード	キセキ（5歳以降）	ディープボンド
サリオス	クリノガウディー	ジオグリフ
アルアイン	ライトオンキュー	ヒシイグアス
ティーハーフ	スカーレットカラー	マイネルファンロン
ゴールドアクター	ユーバーレーベン	キングオブコージ
グランプリボス	ケイデンスコール	ナランフレグ
アーネストリー	アンドラステ	クリノプレミアム

バランスタイプ 3

オルフェーヴル	ドゥラメンテ	タイトルホルダー
コントレイル	ブエナビスタ	ドウデュース
タワーオブロンドン	ウオッカ	ダノンベルーガ
ダノンスマッシュ	ダイワスカーレット	メイケイエール
リスグラシュー	キンシャサノキセキ	スターズオンアース
インディチャンプ	アドマイヤムーン	スタニングローズ
ファインニードル	エフフォーリア	イクイノックス

非力かつスピードがないタイプ ④

　一般的なメディアでは、①②③に分類されるようですが、残念ながら、このタイプに分類される馬も多数存在します。スピードがないからと言って、パワー型かと言われるとそうとは限りません。関係者への配慮から、こんなことはとても記事には書けません。意外と盲点なので、あえて触れました。「こういう馬がいるかもしれない」と頭の片隅に置いておけば、「スピードがないからパワー型」という短絡的な発想に陥らずに済みます。

　ミスリードしないように、補足します。上記で挙げた「スピードタイプ」「パワー・スタミナタイプ」「バランスタイプ」は、能力比較を行った上で、拮抗しているときに初めて意味を持ちます。「能力比較」「番付」を付けた結果、その差があまりにも大きい場合は、これらのタイプ分けを無視します。「圧倒的な能力差の前では、適性は無力」です。

競馬場についての解説②　　　　　　　　　　　**馬場の性質**

　「競馬場についての解説①」では、コース形態について解説しましたが、馬場を見極める上で、もうひとつ大事なことがあります。それは「馬場の性質」です。

　馬場は大別すると、「軽い」「重い」があります。重くなればなるほど、逃げ・先行が垂れやくなり、差しや追い込みが決まりやすい馬場状態にシフトしていきます。軽い場合はその逆で、逃げ・先行が垂れずに惰性で押し切る可能性が高くなります。軽い馬場の場合は「スピード」が要求され、逆に重い馬場の場合は「パワー・スタミナ」が要求されます。

A 札幌(7月以降)｜函館(7月以降)｜福島(通年)(右回り)

スピード ★☆☆☆☆　　パワー・スタミナ ★★★★★

　最もタフな競馬になりやすい3場です。走破タイム、上がりタイムがとにかく掛かります。オープンクラスですら「2000m 2分00秒0 上がり3F36.0」なんてことがザラです。タフな順番に函館≒福島＞札幌です。この3つを同列扱いすることはちょっと無理がありますが、大括りということでご理解下さい。

　ここでは重馬場適性のある馬が好走するので、過去の戦績をよく確認します。近走でスピードについていけず惨敗を繰り返している馬でも巻き返すパターンが多いので要注意です。逆に、近走スピード競馬で連勝し、人気になっているような馬はパワー競馬に対応できないと見込んで買い目から消してしまうことも視野に入れます。

　また、函館、福島はよくマクリが炸裂するので、過去にマクリを決めている馬は積極的に狙います。マクリはコーナーで加速しながらポジションを上げなければならないので、コーナリング能力が問われます。また、個人的な希望ですが、左回りでこのようなパワー系馬場があれば面白いのに、と思っています。※洋芝（札幌、函館）については後述します。

　札幌と函館は同じ洋芝でもコーナーの曲率半径Rが大きく異なります。札幌はコーナーが緩いのでコーナリング能力はさほど要求されませんが、函館は曲率半径がキツイので、高いコーナリング性能が要求されます。多くの競馬ファンの間では、札幌と函館は「洋芝コース」と同列扱いされているようですが、私にとっては全然違う競馬場です。札幌はコーナリング能力が要求されないので、単純に競走馬としての性能が高い馬が好走することが多いです。あまり荒れない、というか「コーナリングだけは任せて！」みたいな馬が大穴をあけることがあまりできないので、どちらかと言うと苦手な競馬場です。

B 中山（9月以外） 京都（9月以外）

スピード ★★☆☆☆　　パワー・スタミナ ★★★★☆

　先述したように9月以外の中山は、馬場が傷んでパワー・スタミナが要求されます。また、京都競馬場も中山競馬場開催と時期が被っていることが多く、同様の傾向にあります。

C 中京（通年）（左回り）

スピード ★★★☆☆　　パワー・スタミナ ★★★☆☆

　走破タイム、上がりタイムともに東京・新潟ほど速くありません。東京・新潟と比較すると、スピードよりもパワーが求められます。コーナーの曲率が急であり、東京・新潟よりも直線が短いため、より立ち回りが器用な馬が粘り込むシーンが目立ちます。極端に前残りなレースが中京では少なくありません。左回りということは無視し、東京・新潟の左回りで好走歴があるからと言って安易に人気馬に飛びつくのは危険です。コーナーの曲率半径がキツイため、高いコーナリング能力が求められます。中京でしか好走できない馬が時々出現するのは、その馬が「左回り○」「コーナリング○」「高速馬場×」「パワー○」の特徴を持っているためです。そんなキャラクターが好走できるのは、良馬場ならば中京しかありません。

D 中山（9月） 京都（9月） 小倉（通年）（右回り）

スピード ★★★★☆　　パワー・スタミナ ★★☆☆☆

　中山については「競馬場についての解説① コース形態」を参照してください。9月の京都、小倉もスピードが活きやすい傾向があります。

東京（通年）│**新潟**（通年）（左回り）

スピード	★ ★ ★ ★ ★	パワー・スタミナ	★ ☆ ☆ ☆ ☆

　速い走破タイム、速い上がりタイムが要求されるのが特徴です。とにかくスピード勝負になりやすいです。パワータイプにとっては全く出番なしということが多いです。左回りで平坦に近いのも同じであり、好走歴がリンクする場合が多いです。厳密に言うと、東京にも坂がありますが、中山や阪神と比較すると、傾斜はキツくありません。

　2020年の秋に「クッション値」なる指標がJRAから発表されました。私はこの指標が出てきた当初から疑問視していました。理由は、仮に「硬い」馬場であっても、2020年秋のように芝の生育が悪ければ、野芝特有の反発力は得られないからです。しかも、硬くても馬場がハゲてくれば相手は土ですし、踏まれていけばボコボコになっていきます。硬くても、馬場がボコボコだと走りづらいのは明白です。

　クッション値は馬場に鉄球を落として数値を算出するそうですが、私は「落とすだけで何がわかるの？」と思っています。2020年秋の競馬を考察すると、クッション値で「硬い」と定義された馬場であっても結局は時計が掛かる馬場であることが多かったように思います。特に、中山、京都ではその傾向が顕著でした。2021年になっても、クッション値と馬場状態の間に有意な関係は確認できません。

　競馬場の解説について、私がよく見ているもう1つのコンテンツを紹介します。「競馬の専門学校」キーン氏（競馬YouTuber）です。先程挙げた「競馬ラボ」と同様に、「①コース形態」「②馬場の性質」をわかりやすく解説しているので、私は重宝しています。

トラックバイアスを見抜く　分析のポイントは?

「トラックバイアス」は、第3章でも言及した通り、「能力比較」と双璧をなす大事なファクターです。能力比較「どの馬が強いか?」が大事なのは、競馬ファンの多くがわかっていらっしゃると思いますが、トラックバイアスは意外と軽視されがちです。なぜでしょうか? 競馬新聞を発行している会社は、金曜日に新聞を印刷に回さなければならず、トラックバイアス(枠順も)を見ることができません。そうです、その状況で印を打たざるを得ないわけです。『競馬の教科書 別冊』を共著した予想屋マスターと雑談をしたときに、このトピックが話題になりました。

◀━━━━━━━━━━　結 論　━━━━━━━━━━▶

「競馬新聞の記者さんは、トラックバイアスや枠順を確認できない状況で印を打たないといけないから、大変だよね。そんな状況で印の通りにオッズを見ないで回収率100%以上を叩き出せたら、神業」。

　予想屋マスター、玉嶋の両者とも同じ見解でした。能力比較と同じくらい、枠順・トラックバイアスは大事です。新聞社はトラックバイアスを確認する前に印を打っている以上、「トラックバイアスが大事」とはなかなか言い出しづらい背景があるため、ここに馬券的妙味が発生します。

　では、具体的に、トラックバイアスをどう読むか? その手順と事例を次項以降で紹介していきます。

トラックバイアス分析の手順とポイント
【良馬場〜稍重の場合】

①前週の結果をベースにする

　開幕週なら「内前有利かつ高速馬場だろう」がスタート地点。変則的な条件として「コース替わり（Aコース→Bコース等）」になることがありますが、考えたところでわかりません。コース替わりは考慮せず、ないものとして前週のトラックバイアスを据え置き。「激変しているかも」は頭の片隅に入れておき、狙っているレースの前に施行されているレースのトラックバイアスを分析します。

②雨の影響は、基本的に考慮しない

　雨が降って雨馬場になると、紙面には「重馬場巧者」のコメントが並び、馬券購入者から注目を浴びます。その結果、過去に雨が降ったときに好走した馬が過剰に人気を背負います。

　一方で、たとえ雨が降っていても、昨今の馬場管理技術が向上している状況下では、雨の影響は限定的です。雨が降って「稍重」や「稍重に近い重」であれば、良馬場と同列に扱います。分析の仕方は良馬場のときと同様に、「前が有利か？　それとも外なのか？」シンプルにそれだけを考えます。

　雨上がりの場合は、極端に内や前が有利になる可能性が高くなるので要注意です。2022年マイラーズC（2着ホウオウアマゾン）、2022年札幌記念（2着パンサラッサ）他。

　2022年七夕賞のようにドロドロの馬場になった場合は、例外中の例外です。ここまでドロドロになってしまえば、雨馬場適性の影響は無視できません（2着マイネルウィルトス）。

③当週において、メインレースの前に施行される芝レースを全てチェックする

　ここでは、下級条件にいけばいくほど内前有利の傾向が高くなることを頭の片隅に入れておきます。下級条件のほうが道中のペースが緩くなる点、上位に食い込む馬は先行力が高い場合が多い点を勘案します（下級条件では、能力が低い馬、スタートからスピードに

ついていけずにレースに参加できない場合が多く、オープンクラスに比べると相対的に前残りが発生しやすい）。上位人気が先行してそのまま上位を独占するようなレースでは、トラックバイアスに関係なく決着した可能性が高いため参考外です。例えば、前週が外差し馬場だったにもかかわらず、午前中の未勝利で先行した上位人気馬が馬券圏内を独占したような場合は「先週の馬場から激変して、内前有利になった」と結論付けるのは短絡的です。そのような結果になった場合は、参考外の可能性を疑いましょう。

④馬とラップタイムを確認する

「上位入線した馬の中に、人気薄はいるか？」「ラスト200mのラップに着目し、垂れているかそうでないか？」を検証します。

人気薄の馬が穴をあけている場合には、前残りであろうと外から差してきた場合であろうと、トラックバイアスの恩恵を受けて好走している可能性があります。また、垂れている場合は、馬場が荒れている影響でそうなっている可能性があります。下級条件で先行した馬が垂れている場合には、芝重賞のように差しが決まりやすいレースでその傾向がさらに顕著になり、外差しが決まる可能性が高くなります。

⑤結論（馬券を買うレースのトラックバイアス）

①②③④を総合的に判断し、結論付けたトラックバイアス、枠順、オッズを考慮して最終的な印と買い目を仕上げます。

⑥印の打ち替え（臨機の対応）

これは余談ですが、トラックバイアスを考慮して印を積極的に打ち替えることは悪いことではありません。ここまで愚直に検証すれば、回収率に良い影響を与えることはあっても、悪い影響を与えることはありません。

　例えば、「外差し馬場」と判断したならば、人気を背負っている先行馬の印を下げることを検討する余地があります。日曜日の重賞であっても、土曜日早朝から馬券は意外と売れています。つまり、トラックバイアスやオッズを見ないで馬券を買っている馬券購入者が一定数いるということです。そこに優位性があります。よく「印を打ち替えるのが怖い」とご意見をいただきますが、印の打ち替えに「勇気」は要りません。それに必要なのは積み上げた「論理」です。

　読者のみなさんには、上に挙げた①〜⑥の手順を、地道に手を抜かずに毎週行ってててただきたいと思っています。例えば、土曜日だけ雨が降って日曜日に止んだり、日曜日の午後から雨が降ってきたり、パターンは無限にあります。時期によっても芝の状態が「野芝」「オーバーシード」等、違いがあります。多くのケーススタディが蓄積されてくると、「今日は、これくらい」の感覚がわかってきます。トラックバイアスは「習うより、慣れろ」。とにかく場数を踏んでください。

　以下にいくつか事例を挙げますが、難易度は「★☆☆」〜「★★★」で示しています。★が少ないほどトラックバイアスの判断が簡単で、★が多くなるほど判断が難しくなります。「★★★」の見極めは、多くのケーススタディでOJTをして経験をしないと判断が難しいです。「★☆☆」「★★☆」を精度良く見極められるようになれば、大きな読み違いは起きないはず。まずは、そこを着実にクリアしていただきたいと思います。

　もう少し踏み込んで言うと、「★☆☆」のパターン（例えば、開幕週の内前有利。本章冒頭で解説したCBC賞を参照）は、ほとんどの競馬ファンがわかっているため、差別化できません。チャンスは「★★☆」「★★★」の場合。馬場読みで多くの競馬ファンを出し抜いて自分だけが優位に立てれば、馬券で利益を上げられるチャンスが拡大します。

良〜稍重 の事例❶	**2021年 ダービー**
	外有利

難易度　★　★　☆

| 参考レース | 前週日曜の東京11R　オークス |

　先行勢が軒並み残り200mで一杯。外に出したユーバーレーベンが差し脚を伸ばして先頭へ。内からは仕掛けをやや遅らせたアカイトリノムスメが2着。大外から、単勝215.4倍の大穴ハギノピリナがゴール前強襲で3着。この結果から、ダービー週は「やや外差し有利」か？をベースにトラックバイアスの分析をしました。

2021年5月23日　東京11R
オークス（GI）芝2400m良　18頭立て

着	馬名	斤量	タイム	位置取り	上がり	人気
1	5 ⑨ユーバーレーベン	55	2.24.5	12-13-10-8	34.4	3
2	4 ⑦アカイトリノムスメ	55	2.24.6	5-7-10-10	34.4	2
3	4 ⑧ハギノピリナ	55	2.24.6	17-17-15-12	34.3	16

| 参考レース | 同日の東京10R　むらさき賞 |

　7番人気サトノフウジンが外から差してきて2着。さらに、内の馬場は目視でわかるほど荒れていて、非常にわかりやすい外差しのトラックバイアスと判断しました。ダービーではエフフォーリアが断然の人気を背負っていましたが、Twitterで「このトラックバイアスでエフフォーリアが勝ったらバケモノ。期待値（特に単勝）は低い」とツイートしました。

2021年5月30日　東京10R
むらさき賞（3勝クラス）芝1800m良　18頭立て

着	馬名	斤量	タイム	位置取り	上がり	人気
1	5 ⑩ジュンライトボルト	55	1.44.3	9-9-9	33.8	2
2	4 ⑧サトノフウジン	55	1.44.3	11-12-12	33.6	7
3	3 ⑤モンブランテソーロ	56	1.44.6	5-7-6	34.3	3

東京11R ダービー

　無敗の皐月賞馬エフフォーリアが1枠1番に収まり、断然人気を集めたレースでした。前述した通り、当日のトラックバイアスは外有利。エフフォーリアは先行脚質であり、差し脚質の馬から目標にされる可能性が高いと予想できました。一方で、内でギリギリまで脚を溜めれば、外から被せてくる馬が壁になって内に閉じ込められるリスクがありました。外が有利な場合（特に、GIのようにレースが早めに動くレース）には、圧倒的に不利な状況でした。

　レース映像を見ていただければ、エフフォーリアがどれだけ強かったかがよくわかります。「恵まれたシャフリヤール（強いのは認めつつ）」と、「苦肉の策で、早め先頭で、外に持ち出してハナ差2着のエフフォーリア」。是非、JRAのホームページでレース映像を見てください。

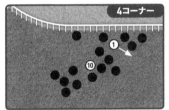

道中は、内で折り合うエフフォーリア。早めに仕掛けないと、外めの馬に持ち出せない（後続が来るのを待っていれば、外に壁ができて内に閉じ込められる状況）。

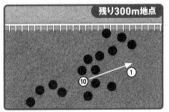

早仕掛けで外めへ持ち出すことに成功。しかし、流石に仕掛けが早すぎて、後から仕掛けたシャフリヤールに差されてしまいました。レース内容としてはエフフォーリアが圧倒的に上でした。

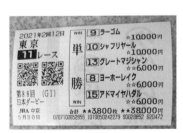

競馬の教科書
発想を変えるだけで回収率は上がる

2021年5月30日　東京11R
ダービー（GI）芝2400m良

着	馬名	斤量	タイム	位置取り	上がり	人気
◎ 1	5 ⑩シャフリヤール	57	2.22.5	7-7-11-9	33.4	4
2	1 ①エフフォーリア	57	2.22.5	3-4-9-9	33.4	1
3	6 ⑪ステラヴェローチェ	57	2.22.7	13-14-13-12	33.4	9
◎ 4	7 ⑬グレートマジシャン	57	2.22.7	13-11-9-9	33.6	3
5	8 ⑯サトノレイナス	55	2.22.7	7-4-2-2	34.0	2
6	7 ⑭タイトルホルダー	57	2.23.1	2-2-6-4	34.3	8
◎ 7	4 ⑧ヨーホーレイク	57	2.23.1	9-8-11-12	33.8	6
8	4 ⑦グラティアス	57	2.23.1	5-2-2-2	34.4	10
9	3 ⑥バジオウ	57	2.23.3	5-8-13-12	34.0	15
10	6 ⑫ワンダフルタウン	57	2.23.3	10-8-6-5	34.4	5
11	2 ④レッドジェネシス	57	2.23.6	17-17-17-17	33.7	13
◎ 12	5 ⑨ラーゴム	57	2.23.7	10-11-13-12	34.5	16
13	2 ③タイムトゥヘヴン	57	2.23.8	10-11-16-16	34.3	17
14	1 ②ヴィクティファルス	57	2.24.3	3-4-6-5	35.4	14
15	8 ⑰バスラットレオン	57	2.25.4	1-1-1-1	36.8	12
16	3 ⑤ディープモンスター	57	2.25.7	13-14-4-5	36.8	7
◎ 17	8 ⑮アドマイヤハダル	57	2.26.0	16-14-4-5	37.1	11

単勝1,170円　複勝270円 120円 550円　枠連1,020円　馬連1,010円
ワイド450円 3,880円 1,030円　馬単3,360円　三連複8,800円　三連単58,980円

参考レース　　　　　　　　　　　　　　前週日曜の東京11R　オークス

　例年は内前有利の東京開催でしたが、スターズオンアースが大外枠から差し切って、レーン騎手の好騎乗によって内から上手く外へ持ち出したスタニングローズが2着。この結果から、ダービー週は「やや外差し有利」か？をベースにトラックバイアスの分析をしました。

2022年5月22日　東京11R
オークス（GI）芝2400m良　17頭立て

着	馬名	斤量	タイム	位置取り	上がり	人気
1	8 ⑱スターズオンアース	55	2.23.9	8-7-8-8	33.7	3
2	1 ②スタニングローズ	55	2.24.1	5-5-4-4	34.4	10
3	4 ⑧ナミュール	55	2.24.3	8-9-9-9	34.0	4

参考レース　　　　　　　　　　　　　　同日の東京10R　むらさき賞

　前週のオークスからは外差し有利か？と考えていましたが、ダービー週はやや内寄りが有利なレースが続きました。決定打はむらさき賞。1着は逃げてラスト11.7でまとめた6番人気のヒルノダカール。結論は、前週で外差しだったオークスも考慮に入れて、「内外フラット」でした。

2022年5月29日　東京10R
むらさき賞（3勝クラス）芝1800m良　17頭立て

着	馬名	斤量	タイム	位置取り	上がり	人気
1	8 ⑮ヒルノダカール	55	1.45.4	1-1-1	34.1	6
2	8 ⑯ククナ	55	1.45.7	11-12-12	33.2	1
3	5 ⑨サトノフウジン	55	1.45.8	11-10-10	33.4	3

東京11R ダービー

　戦前に「四強」と言われていたメンバー構成でした。当日は内外フラット。エフフォーリアが1枠1番に収まった前年よりも、やや内目が有利なトラックバイアスでした（エフフォーリアがこの年の馬場だったら、勝っていたと推察します）。そのトラックバイアスを踏まえ、人気を背負っていた四強は揃って外枠に収まり、これらが好走する可能性が高いと考えました。内が極端に有利なトラックバイアスならば、内枠を引いた先行馬の中から穴をあけにいく選択肢もありましたが、内外フラットでは厳しいと判断しました。

2022年5月29日　東京11R
ダービー（GI）芝2400m良　18頭立て

着	馬名	斤量	タイム	位置取り	上がり	人気
◎ 1	7 ⑬ドウデュース	57	2.21.9	13-14-14-14	33.7	3
◎ 2	8 ⑱イクイノックス	57	2.21.9	16-16-16-14	33.6	2
3	2 ③アスクビクターモア	57	2.22.2	2-2-2-2	35.3	7
◎ 4	6 ⑫ダノンベルーガ	57	2.22.3	10-10-11-11	34.3	1
○ 7	7 ⑮ジオグリフ	57	2.22.9	10-10-11-11	34.9	4

単勝420円　複勝160円 150円 410円　枠連420円　馬連730円
ワイド340円 1,120円 1,390円　馬単1,440円　三連複4,570円　三連単15,770円

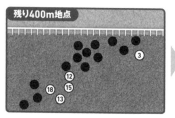

③アスクビクターモアが2番手追走から抜け出す。四強と言われていた⑫ダノンベルーガ、⑬ドウデュース、⑮ジオグリフ、⑱イクイノックスは、外に持ち出し末脚勝負。

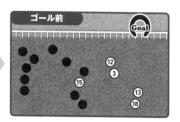

外から一気に⑬ドウデュース、⑱イクイノックスがワンツー。内前有利のトラックバイアス（ロジャーバローズが勝った時のダービー等）では、どんなに強い馬でもこんなにアッサリ外差しは決められません。

良〜稍重 の事例❸	**2021年 エリザベス女王杯**		
	外有利	難易度	★ ★ ☆

参考レース　　　　　　　　　　　　　前週日曜の阪神10R　道頓堀S

　外から追い込んだブービー人気ナンヨーアミーコが4着。目視でもハッキリわかりましたが、明らかに内の馬場が荒れていました。この結果から、エリザベス女王杯週は「外差し有利」か？をベースにトラックバイアスの分析をしました。

2021年11月7日　阪神10R
道頓堀S（3勝クラス）芝1200m良 14頭立て

着	馬名	斤量	タイム	位置取り	上がり	人気
1	5 ⑧スマートクラージュ	57	1.08.6	8-7	33.3	1
2	6 ⑩サトノファビュラス	55	1.08.8	2-2	34.0	9
3	3 ④カワキタアジン	55	1.08.9	12-12	33.2	5
4	4 ⑤ナンヨーアミーコ	57	1.08.9	12-12	33.1	13

参考レース　　　　　　　　　　　　　　前日の阪神9R　岸和田S

　大外から追い込んだ9番人気スカーフェイスが1着。前週同様、外差しのトラックバイアスが継続していると判断しました。

2021年11月13日　阪神9R
岸和田S（3勝クラス）芝2000m良 11頭立て

着	馬名	斤量	タイム	位置取り	上がり	人気
1	8 ⑪スカーフェイス	54	2.01.1	8-8-8-8	35.3	9
2	4 ④ダノンレガーロ	55	2.01.2	9-9-9-9	35.2	3
3	5 ⑤パラダイスリーフ	55	2.01.2	6-6-6-7	35.6	1

　エリザベス女王杯当日は2勝クラスと2歳戦しかありませんでした（結果はほぼ内を通った馬の前残り）。下級条件になればなるほど、レース結果に対するトラックバイアスの影響は極めて限定的であり、

この日は能力の高い馬がたまたま内前のポジションを取り、そのまま上位へ入線した可能性を疑いました。

　一方、前日土曜日は、3勝クラスの岸和田S（阪神内回り2000ｍ）がありました。このレースは能力が拮抗しており、ちょっとしたことで着順がコロコロ変わるようなメンバー構成であり、トラックバイアスを読むという点では、日曜日のレースよりもこちらを判断材料とするのが適切と判断しました（土日は雨が降ることもなく、馬場が急変する可能性が低かった点を考慮→土日の天気が安定していれば、よほどのことがない限り、馬場状態は急変しません）。

阪神11R エリザベス女王杯

　アカイイトが勝って大荒れになったレースです。このレースでは、1番人気を背負ったレイパパレにまず注目をしました。この日は、前週と当週土曜日の馬場読みより、内側の馬場が荒れてきた外差し馬場と判断しました。注目のレイパパレは1枠1番。2021年ダービーのエフフォーリアと同じく、トラックバイアス的に不利な内から外に出すには早仕掛けしかない状況です。仕掛けを遅らせて後方の馬を迎撃すれば、内に閉じ込められる可能性が高い。かと言って、早めに仕掛ければ、垂れる可能性が高い八方塞がりの状況だったので、外差し決着を想定して馬券を構成しました（残念ながら不的中）。

2021年11月14日　阪神11R
エリザベス女王杯（GI）芝2200m良

	着	馬名	斤量	タイム	位置取り	上がり	人気
△	1	8 ⑯アカイイト	56	2.12.1	13-13-13-7	35.7	10
△	2	3 ⑤ステラリア	54	2.12.4	7-8-8-9	36.1	7
△	3	1 ②クラヴェル	56	2.12.5	14-14-13-12	36.1	9
△	4	6 ⑪ソフトフルート	56	2.12.5	15-15-15-12	36.0	11
	5	2 ④イズジョーノキセキ	56	2.12.5	7-7-5-7	36.5	12
△	6	1 ①レイパパレ	56	2.12.6	4-4-3-2	36.9	1
▲	7	2 ③アカイトリノムスメ	54	2.12.6	5-4-5-3	36.7	2
○	8	6 ⑫デゼル	56	2.12.7	11-11-12-12	36.3	8
○	9	3 ⑥ランブリングアレー	56	2.12.8	9-9-5-3	36.9	6
△	10	8 ⑮ウインキートス	56	2.12.8	9-10-8-9	36.6	5
◎	11	4 ⑧テルツェット	56	2.13.0	12-11-8-9	36.8	4
	12	5 ⑩ムジカ	56	2.13.0	15-15-15-15	36.4	15
	13	8 ⑰コトブキテティス	56	2.13.2	15-17-15-15	36.6	16
	14	7 ⑬リュヌルージュ	56	2.14.5	5-4-11-15	38.0	17
	15	4 ⑦シャムロックヒル	56	2.14.5	1-1-1-1	38.9	13
○	16	5 ⑨ウインマリリン	56	2.14.7	3-3-3-3	38.9	3
	17	7 ⑭ロザムール	56	2.16.7	2-2-2-3	41.0	14

単勝6,490円　複勝1,180円 650円 810円　枠連2,610円　馬連51,870円
ワイド9,600円 15,440円 7,450円　馬単137,500円　三連複282,710円　三連単3,393,960円

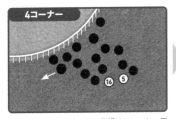

①レイパパレは道中、内で我慢するしかない展開。内側で閉じ込められるのを嫌って、早めに先頭へ。先程のエフフォーリアのダービーと同じ。仕掛けを遅らせれば遅らせるほど、内側に閉じ込められる可能性がどんどん高くなる。

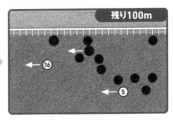

直線入口では、勝った大阪杯のように外側に進路を切り替えてワープする競馬もできなくなったが、内側から出て来られず。ゴール前では外から他馬が大挙して追い込み着外へ。

2022年 キーンランドC

極端な外有利　　難易度　★　★　★

参考レース　　　　　　　　　　　前週日曜の札幌11R　札幌記念

　内目の馬場が荒れ気味であったにもかかわらず、1着ジャック
ドール、2着パンサラッサ、3着ウインマリリンの典型的な前残り
の競馬でした。この日は、たまたま雨上がりの状況下であり、前残
りが発生しやすい馬場状態でした。能力を高く評価していたジャッ
クドールが勝ったのは受け入れられましたが、パンサラッサ、ウイ
ンマリリンが2、3着に残ったのはちょっと腑に落ちませんでした。
馬場は荒れていたものの、雨による前残りが発生した可能性がある
と考え、翌週のキーンランドCでは「前残りではない可能性がある」
ことを視野に入れて馬場読みをする必要があると考えました。

2022年8月21日　札幌11R
札幌記念（GⅡ）芝2000m良 16頭立て

着	馬名	斤量	タイム	位置取り	上がり	人気
1	❷④ジャックドール	57	2.01.2	3-4-3-2	37.3	3
2	❷③パンサラッサ	57	2.01.2	1-1-1-1	37.7	2
3	❺⑨ウインマリリン	55	2.01.4	3-3-3-3	37.4	5

参考レース　　　　　　　　　　　　当日の札幌9R　小樽特別

　前週とは打って変わって外差しが決まる馬場傾向になりました。
キャニオニングが外から差してきて2着だったのが典型的でした。

2022年8月28日　札幌9R
小樽特別（1勝クラス）芝1200m良 16頭立て

着	馬名	斤量	タイム	位置取り	上がり	人気
1	❼⑬ヒルノローザンヌ	52	1.09.2	8-9	34.6	1
2	❻⑪キャニオニング	55	1.09.4	11-11	34.5	6
3	❷③スクリーンショット	52	1.09.5	1-1	35.5	3

札幌11R キーンランドC

「外が伸びる」という騎手心理により、4コーナーでは馬群が外へ外へと大きく広がりました。その結果、外の追い込み馬は外へ外へと追い出されて、末脚不発。馬場の真ん中（馬群の内寄り）から伸びたヴェントヴォーチェ、ウインマーベルで決着しました。

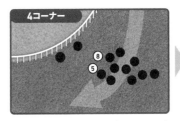

内ラチ沿いを走ったのは2頭。残りの13頭は内を空けて大きく外を回った。その結果、馬群の外側にいた馬（主に外枠の馬）は想定よりもさらに外を回らされた。

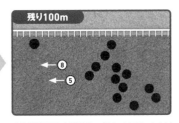

大きく外を回した馬は追い込んでくるも、さすがに間に合わず。ある程度馬場の良いところを走り、距離ロスもなかった⑧ヴェントヴォーチェ、⑤ウインマーベルが恵まれる形となった。

　極端に外差し有利な馬場になった場合は、意外と追い込みが届かず、中団で脚を溜めて、馬場の真ん中から末脚を伸ばせるタイプが有利になることがあります。ただ、この馬場読みは非常に難しいです（恥ずかしながら、私もキーンランドCは外差しが決まる可能性が高いと判断しました）。たぶん、プロでも難しい応用編なので、まずは★★☆をしっかり叩いてください。

2022年8月28日　札幌11R
キーンランドC（GⅢ）芝1200m良

	着	馬名	斤量	タイム	位置取り	上がり	人気
◎	1	4 ⑧ヴェントヴォーチェ	56	1.09.1	10-7	34.0	6
	2	3 ⑤ウインマーベル	54	1.09.2	5-2	34.5	2
△	3	1 ①ヴァトレニ	56	1.09.3	1-1	34.8	4
	4	8 ⑯トウシンマカオ	53	1.09.5	8-7	34.5	1
	5	6 ⑪オパールシャルム	54	1.09.5	2-2	35.0	11
○	6	7 ⑭エイティーンガール	55	1.09.6	15-15	34.3	5
◎	7	5 ⑨ジュビリーヘッド	56	1.09.7	10-7	34.6	3
	8	3 ⑥シゲルピンクルビー	54	1.09.8	6-7	34.9	10
	9	6 ⑫マイネルジェロディ	56	1.09.9	6-5	35.1	12
○	10	8 ⑮レイハリア	55	1.10.1	3-2	35.5	9
	11	4 ⑦マウンテンムスメ	54	1.10.2	10-12	35.1	14
	12	7 ⑬メイショウミモザ	55	1.10.2	10-12	35.1	7
◎	13	5 ⑩ロードマックス	56	1.10.3	10-12	35.2	8
	14	1 ②ビリーバー	55	1.10.4	8-7	35.4	13
	15	2 ④ジェネラーレウーノ	57	1.10.7	3-5	36.1	15
	取	2 ③サヴォワールエメ	54				

単勝1,230円　複勝380円 240円 290円　枠連2,750円　馬連4,290円
ワイド1,840円 1,810円 920円　馬単8,730円　三連複8,960円　三連単56,190円

洋芝とは何者か？その本質に迫る

夏競馬の風物詩であり、函館、札幌で使われている「洋芝」。紙面では「洋芝巧者」の文字をよく見かけます。問題は、その性質です。

洋芝について触れる前に、先に野芝について触れておきたいと思います。夏競馬の小倉は野芝100％であり、生育が良好であればあるほど時計が速くなります。例えば、2021年、2022年夏競馬の小倉開幕週で施行されたCBC賞は、ファストフォース、テイエムスパーダがそれぞれ勝ちました（1分06秒0、1分05秒8：2年連続で芝1200mの日本レコードを更新）。

一方、洋芝ではどうでしょうか？ 2021年の札幌開催（3歳以上オープンの1200m）の走破タイムを以下に示します（※本来ならば、最新データのほうが良かったのですが、2022年は札幌の天気がやや不安定で雨馬場もあったため、2021年の馬場について言及します）。

1分07秒6	函館SS（札幌　6/13）
1分07秒8	TVh賞（札幌　6/26）
この間に函館開催あり	
1分08秒8	UHB賞（札幌　8/15）
1分09秒1	キーンランドC（札幌　8/29）

全て良馬場の結果です。徐々に時計が掛かっているのは偶然ではありません。洋芝は、生育が進むと、時計の掛かる馬場にシフトしていきます。キーンランドCの馬場は、函館SSのときとは全くの別物です。ここで言及したいのは、生育が進んでいない6月頃は、洋芝の芝丈が伸びておらず、高速決着になりやすいということです。つまり、この時期の芝を「時計が掛かる洋芝」と考えてしまうと、見当外れな予想になってしまいます（函館の洋芝も同様です）。「函館SSは、洋芝にあらず」ということを念頭に置いて予想しましょう。

トラックバイアス分析の手順とポイント
【雨上がりの場合】

　前項「トラックバイアス分析の手順とポイント【良馬場〜稍重の場合】」で言及した通り、基本的には雨が降っても重適性を考慮する必要はありません。重要なのは雨に対する適性ではなく、内が有利か？ 外が有利か？ です。

　雨上がりの稍重では内側のラチ沿いだけが有利な馬場になるケースが多く見られます。そうなった場合には、人気薄の逃げ先行馬で穴を狙いにいく等、期待値の高い馬券を仕込むチャンスが生まれます。ここでは、その事例について解説します。

雨上がり
の事例❶

2022年 マイラーズC
前有利（差しが利きづらい）

　この日の阪神競馬場では、13：30頃まで小雨が降っており、この時点で、馬場状態は「稍重」でした。雨雲レーダー※を確認すると、8R以降は雨雲が去り、雨が降る可能性が極めて低いことがわかりました。

　この日は11Rマイラーズ C までに8R、9Rが芝コースで行われるため、トラックバイアスを分析するのに十分な材料がありました。

参考レース　　　　　　　　　　　　　　**同日の阪神8R　4歳上1勝クラス**

2022年4月24日　阪神8R
4歳以上1勝クラス 芝1600m稍重 14頭立て

着	馬名	斤量	タイム	位置取り	上がり	人気
1	2 ②スズカトップバゴ	57	1.34.5	3-4	34.7	2
2	4 ⑥ヴェントボニート	55	1.34.6	9-6	34.5	1
3	5 ⑦エイシンピクセル	55	1.35.1	8-4	35.2	5

2022年4月24日　阪神9R
千里山特別（2勝クラス）芝2200m稍重 7頭立て

着	馬名	斤量	タイム	位置取り	上がり	人気
1	4 ④スタッドリー	57	2.15.7	4-4-4-3	33.9	1
2	7 ⑦タガノカイ	57	2.15.8	1-1-1-1	34.4	4
3	5 ⑤リンフレスカンテ	57	2.15.9	3-3-2-3	34.3	2

　8R、9Rはいずれも典型的な前残りであり、中団より後ろの馬は差せる状況ではありませんでした。この2レースと、その後は雨が降る可能性が極めて低い状況を考慮して、マイラーズCでは差しが利きづらい状況が発生する可能性が高いと考えました。

阪神11R　マイラーズC

　先述した通り、2022年マイラーズCは、雨上がり直後の稍重でレースが施行され、雨上がりでありがちな前有利なトラックバイアスとなりました。

　ホウオウアマゾンの長所は、ダッシュ力、先行力、コーナリング能力、加速力です。差しが届きにくい状況下であれば、そう簡単に馬券圏外には飛びづらい状況。さらに、複勝オッズは1.7 ～ 2.2倍。このレンジであれば、期待値十分でした。雨が降らなければ、極端に前が有利なトラックバイアスとまでは言い切れませんでしたが、雨上がりの馬場状態が馬券を買う後押しとなりました。

※雨予報の見極め　tenki.jp 雨雲レーダー

「当日の天気をどう見極めているか？」。よく質問をいただく内容です。私が使わせていただいているのは、「tenki.jp」です。最大で15時間先までの予報を配信してくださっているので、重宝しています。レース発走時刻が近ければ近いほど精度が高いのは言うまでもなく、よほど荒れている天気でない限り、天気と馬場は高精度で読めます。

2022年4月24日　阪神11R
マイラーズC（GⅡ） 芝1600m稍重

着	馬名	斤量	タイム	位置取り	上がり	人気
1	7 ⑬ソウルラッシュ	56	1.33.3	13-13	34.1	6
◎ 2	4 ⑦ホウオウアマゾン	56	1.33.4	2-2	35.3	1
3	2 ③ファルコニア	56	1.33.4	4-3	35.1	4
4	4 ⑥ベステンダンク	56	1.33.7	1-1	36.2	14
5	7 ⑫エアロロノア	56	1.34.0	11-9	35.2	5
6	3 ⑤レッドベルオーブ	56	1.34.0	10-9	35.2	7
7	3 ④カラテ	56	1.34.1	7-6	35.4	2
8	6 ⑪ロードマックス	56	1.34.2	15-15	34.7	11
9	5 ⑧サトノアーサー	56	1.34.3	7-6	35.7	13
10	1 ①レインボーフラッグ	56	1.34.7	6-6	36.1	15
11	5 ⑨エアファンディタ	56	1.34.9	14-14	35.6	3
12	6 ⑩シュリ	56	1.34.9	11-11	35.8	10
13	8 ⑭ダイワキャグニー	56	1.35.2	4-3	36.9	9
14	2 ②ヴィクティファルス	56	1.35.5	2-3	37.1	8
15	8 ⑮ケイデンスコール	57	1.45.3	7-11	46.2	12

単勝780円　複勝280円 180円 220円　枠連1,190円　馬連2,390円
ワイド890円 1,060円 630円　馬単5,200円　三連複5,560円　三連単31,970円

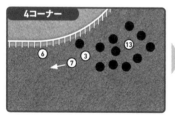

⑦ホウオウアマゾンは馬なりで難なく先行（いつも通り）。持ち前のコーナリング、加速力を生かして先頭を窺う。

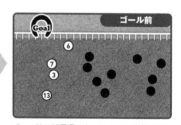

ゴール前で新星⑬ソウルラッシュの強襲に屈するも、悠々馬券圏内へ。内で粘り込んだ⑥ベステンダンクが4着に残ったことが象徴的でした。

投票内容		
（1）　阪神（日）11R	07	
的中　複勝	20,000円	⊙

2022年 札幌記念

雨上がり の事例❷

前有利（差しが利きづらい）

　前日の札幌競馬場では、雨が降りました。1Rは稍重からのスタート（晴）。洋芝は、一旦水分を含むと、晴れていてもなかなか回復しません。午前中は、やはり稍重で、午後のレースで良馬場に回復はしたものの、パンパンの良馬場かどうかは怪しいと考えて馬場状態の分析をしました。

参考レース　　　　　　　　　　　**同日の札幌8R　3歳上1勝クラス**

2022年8月21日　札幌8R
3歳以上1勝クラス 芝2000m良 14頭立て

着	馬名	斤量	タイム	位置取り	上がり	人気
1	8 ⑭ヒヅルジョウ	52	2.02.2	1-1-1-1	37.2	2
2	3 ③マイシンフォニー	52	2.02.6	11-10-11-5	36.4	1
3	8 ⑬ゴルトシュミーデ	49	2.03.1	10-10-4-3	37.5	8

参考レース　　　　　　　　　　　**同日の札幌9R　クローバー賞**

2022年8月21日　札幌9R
クローバー賞 芝1500m良 11頭立て

着	馬名	斤量	タイム	位置取り	上がり	人気
1	4 ④ジョリダム	54	1.31.6	1-1-1	36.5	8
2	6 ⑥イコサン	54	1.31.6	5-4-4	36.2	1
3	2 ②ジョウショーホープ	54	1.31.7	5-4-4	36.4	7

　札幌9Rクローバー賞では、単勝78.4倍のジョリダムが単勝で大穴をあけました。外差し勢は末脚不発。この日のレースは、馬場が荒れているにもかかわらず、内前にいる馬が上位入線する状況が続きました。この状況を考慮して、札幌記念でも差しが利きづらい

状況が発生する可能性が高いと考えました。

札幌11R 札幌記念

　週中予想では、馬場状態は内外フラットを想定していたので、能力を高く評価していたグローリーヴェイズ、ユーバーレーベンにチャンスがあると考えました（配当妙味もあった）。しかし、蓋を開けてみると、当日の馬場状態は雨上がりの内前有利。こうなると、パンサラッサかジャックドールが人気を背負っていても評価せざるを得ない状況になりました。

　この2頭の評価ですが、ジャックドールは自分の形でレースを進めることができれば、レイパパレに影を踏ませずに金鯱賞を制す能力のある馬でGⅠ級（大阪杯は敗れましたが、展開があまりにも厳しかった）。一方、パンサラッサはGⅠドバイターフを制したものの、ヴァンドギャルドと僅差であり、福島記念、中山記念を勝っているものの、国内GⅠを勝てるか？と言われると「どうなの？」という想いがありました。同じくらいのオッズならば、ジャックドールのほうを上位に取るべきというのが私の判断で、パンサラッサがジャックドールよりも人気を背負っている状況を考慮して、◎ジャックドールとしました（複勝チャレンジ発動）。

補足 近年は、馬場造園技術が飛躍的に向上したため、洋芝以外の競馬場に関しては馬場回復までの時間が短いですが、洋芝の場合は回復まで時間が掛かることを念頭に置きました。

2022年8月21日　札幌11R
札幌記念（GⅡ）芝2000m良

着	馬名	斤量	タイム	位置取り	上がり	人気
◎ 1	2 ④ジャックドール	57	2.01.2	3-4-3-2	37.3	3
2	2 ③パンサラッサ	57	2.01.2	1-1-1-1	37.7	2
3	5 ⑨ウインマリリン	55	2.01.4	3-3-3-3	37.4	5
4	6 ⑫アラタ	57	2.01.5	6-6-6-6	36.9	12
5	5 ⑩ソダシ	55	2.01.8	5-5-5-3	37.5	1
6	3 ⑥グローリーヴェイズ	57	2.01.8	9-8-7-7	37.0	4
7	8 ⑯アンティシペイト	57	2.01.9	14-13-10-7	36.9	7
8	4 ⑧フィオリキアリ	55	2.02.1	11-11-12-10	36.8	13
9	7 ⑬レッドガラン	57	2.02.1	10-10-10-9	37.0	9
10	4 ⑦ハヤヤッコ	57	2.02.4	15-15-15-13	36.6	8
11	7 ⑭ユーバーレーベン	55	2.02.6	15-15-15-10	36.8	6
12	6 ⑪ユニコーンライオン	57	2.03.2	2-2-2-3	39.5	11
13	3 ⑤サトノクロニクル	57	2.03.2	8-8-7-10	38.3	16
14	8 ⑮ケイデンスコール	57	2.03.6	11-11-13-15	38.1	14
15	1 ②アイスバブル	57	2.03.6	6-6-7-13	38.8	15
16	1 ①マカヒキ	57	2.04.6	13-13-14-16	39.0	10

単勝460円　複勝180円 170円 310円　枠連940円　馬連930円
ワイド410円 1,090円 800円　馬単1,880円　三連複4,190円　三連単15,210円

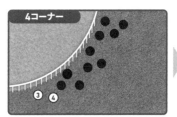

スタート直後、③パンサラッサは気合を付けて先手を主張する一方、④ジャックドールは馬なりで4番手。4コーナーでは、④ジャックドールがほぼ馬なりで先頭を窺う。

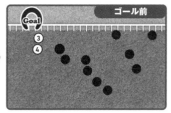

着差は僅差だったが、内容的には④ジャックドールが圧倒的に上。③パンサラッサも、よく粘ったけれども。内で脚を溜めた⑨ウインマリリンが3着に残ったのが象徴的。

トラックバイアス分析の手順とポイント
【土砂降り・不良馬場の場合】

　稍重寄りの重馬場であれば、雨馬場の影響を無視して「どこ（内or外）を通った馬が有利だったか」を考える論理が通用しますが、大雨で馬場がグチャグチャになってしまうと、もはや何が好走するかがわかりません。どんなに頑張っても、精度の高い馬場読みは難しくなってきます。つまり、優位性が出せないので、見送り（馬券を買わない）が妥当です。他章でも言及している通り、他の競馬ファンよりも優位な状況でないと、馬券で勝つのは難しいです。大雨のときは、シンプルに「馬券を買わない」を徹底すべきと考えます。「それなら、人気薄の馬から買えば良いじゃん」という声が聞こえてきそうですが、それってもはや競馬予想じゃありません。控除率20％以上の競馬でわざわざそれをやる意義を私は感じません。期待値の高い株や投資信託でそれをやるなら、まだわかりますが。期待値0.8の丁半博打をやって勝てますか？というハナシ。

土砂降り 不良馬場 の事例❶ 2021年 大阪杯
直前の大雨で重馬場（ほぼ不良か？）

2021年4月4日　阪神11R
大阪杯（GI）芝2000m重　13頭立て

着	馬名	斤量	タイム	位置取り	上がり	人気
1	6⑧レイパパレ	55	2.01.6	1-1-1-1	36.8	4
2	1①モズベッロ	57	2.02.3	10-10-9-5	36.8	6
3	5⑦コントレイル	57	2.02.5	9-9-6-2	37.4	1
4	8⑫グランアレグリア	55	2.02.5	5-5-5-2	37.4	2
5	2②サリオス	57	2.02.7	3-3-2-2	37.7	3

単勝1,220円　複勝230円 420円 110円　枠連16,360円　馬連19,080円
ワイド2,750円 390円 850円　馬単37,610円　三連複7,240円　三連単106,210円

土砂降り 不良馬場 の事例❷　2021年 神戸新聞杯
大雨で不良馬場

2021年9月26日　中京11R
神戸新聞杯（GⅡ）芝2200m不良　10頭立て

着	馬名	斤量	タイム	位置取り	上がり	人気
1	5 ⑤ステラヴェローチェ	56	2.18.0	9-8-9-9	35.6	2
2	7 ⑦レッドジェネシス	56	2.18.0	7-8-7-6	35.9	5
3	4 ④モンテディオ	56	2.18.5	2-2-2-2	36.8	8
4	8 ⑩シャフリヤール	56	2.18.7	5-5-6-6	36.6	1
5	3 ③キングストンボーイ	56	2.18.7	7-7-7-8	36.5	3

単勝300円　複勝170円 680円 780円　枠連2,250円　馬連3,310円
ワイド830円 990円 4,040円　馬単4,410円　三連複18,540円　三連単89,330円

「馬場読み」は「能力比較」をするための道具

　本章では、馬場読みについて、「分析の手順」と「多くの事例」
を列挙しました。第3章から繰り返し言及していますが、「馬場読
み（トラックバイアス）」と「能力比較」は本書の核となるファクター
です。なぜそれらが重要かと言うと、まず馬場が読めないと、精度
の高い能力比較ができません。例えば、2022年CBC賞で勝った
テイエムスパーダは日本レコードで逃げ切りました。馬場読みがで
きなければ、「テイエムスパーダは強かった」という結論にしかな
りませんが、あれだけの超高速馬場で、惰性で押し切れるトラッ
クバイアスであれば、軽い斤量の3歳牝馬がスピードの惰性で押し
切ったレースに高い評価は不要です。また、2021年ダービーでは、
エフフォーリアがゴール前でシャフリヤールの強襲に屈しましたが、
トラックバイアスを考慮するとエフフォーリアのレース内容のほう
が圧倒的に上です（本章で言及した通り）。

　この2つの事例は「そんなの、誰が見たってわかるよ」という極

端な例でしたが、そこまでではないにしろトラックバイアスは毎週毎週、常に変化しています。その中で、トラックバイアスを高い精度で分析し、それを粛々と積み上げていくことによって、やっと「能力比較」と呼べる成果が仕上がります。これができなければ、質の高い予想はできませんし、高い精度で馬券の期待値を想定することなど不可能です。「馬場読み」は、「能力比較」をするための道具であり、それができて初めて「馬券の妙味って何?」がわかります。クドいですが、「馬場読み」と「能力比較」は、予想の両輪。それをしっかり意識していただきたいと思います。

第 8 章

隊 列 予 想

▶▶ 希望を排除する ◀◀

競馬
の
教科書

隊列予想と展開予想　その違いは？

　唐突ですが、私は自分の展開予想を過信しません。大事なことなのでもう一度言いますが、「展開予想を過信しません」。私が予想の根拠として使うのは「隊列」までで、「展開」については距離が長くなればなるほど自分の予想を信用しません。理由はシンプルに、どのようなコメントが出ていようが、「陣営や騎手が何を考えているか、その真意がわからない」（アテにならない）からです。

「隊列」と「展開」は、私の中で明確に線引きをしています。これについてはあまり一般的な理論ではないので、次項以降で詳細に書きます。

隊列予想　馬の能力に依存（予想に恣意的な判断を入れる必要ナシ）　信頼度 ★ ★ ★

　隊列予想は馬の能力、キャラに依存するファクターです。見るべきポイントは、スタート200mのラップタイムと、騎手の挙動です。第6章で言及した通り、ファストフォースのようにテンのスピードがない馬は能力の限界で、騎手が「逃げたい」と思ってスタート直後からゴリゴリ押しても、簡単には逃げられません（2021年北九州記念、スプリンターズS、2022年CBC賞ほか）。逆に、モズスーパーフレアはテンのスピードが圧倒的で、馬なりでも逃げのポジションを取ってしまいます。したがって、隊列は馬の能力、キャラによって決まるので、過去レースのスタート直後のラップ、騎手の挙動に注目すれば、恣意的な判断を入れなくても、ある程度予測することが可能です。

展開予想　陣営の思惑に依存　信頼度 ★ ★ ★
（予想に恣意的な判断を入れる必要アリ）

　先に挙げた「隊列予想」は、馬の能力に依存するため、恣意的な判断を入れる必要はありません（恣意的な判断とは、「○○騎手だから、先行意識が高い」「陣営が逃げたいと言っている」等）。一方、展開予想は陣営、騎手の思惑に依存するファクターです。特に距離が長くなってくると、思惑次第で道中でポジションを押し上げたり、マクっていったりします。展開予想は、「思惑次第でどうにでもなる」というのがポイントです。これについては、どんなに考えたところで、誰が何を考えているのかよくわかりません。陣営や騎手のコメントを読んだところで、誰が何を考えているかなんて、その真意はわかるはずがありません。どう転んでもおかしくない「コインの裏表」みたいなものが「展開予想」であり、所詮は水物です。だからこそ、展開予想は「こうなるかも」程度に留めて、自分の考えは過信しないようにしています。

　もう少し踏み込んで、厳しい言い方をすると、「川田騎手なら、先行してくれそう」「岩田康騎手なら、強引に先手を主張してくれそう」……。これって「予想」ではなく「希望」ですよね？　私事ですが、結婚して10年近く経ちますが、妻が何を考えているかが未だによくわかりません。逆に、妻からも同じことを言われます（「何考えているの？　信じられない‼」とよく言われます）。脱線しましたが、よくわからないからこそ、思惑次第でどう転ぶかよくわからない「展開予想」は過信せず、馬の能力に依存する隊列予想に比重を置きます。

逃げるのはどの馬？

　隊列を予想する上で大事なのは、逃げるのがどの馬かです。過去レースについて、逃げ馬のスタート直後200mのラップに着目すれば、大方予想できます。わかりやすい事例があるので紹介します（本項と第6章の「ラップタイム 大事なところだけを切り取る」は関係性が深いので、併せて読み進めください）。

事例　　　　　　　　　　　**2019年 スプリンターズS**

モズスーパーフレア（勝ち馬 タワーオブロンドン）

　2019年スプリンターズSにはモズスーパーフレアが参戦していました。他にも逃げたい馬が何頭かおり、どの馬がハナを奪うか議論になっていましたが、余程のアクシデントがない限り、私はこの馬が逃げるだろうと考えていました。理由は、過去のレースを見ると、スタートからの200mを11秒台前半で走れる（走ったことがある）馬がこの馬しかいなかったからです。

　以下は、各馬が逃げたときに記録したスタート〜200mの最速ラップです。

③セイウンコウセイ　　　11.8（2018年函館スプリントS）
⑦モズスーパーフレア　　11.4（2019年オーシャンS）
⑩ラブカンプー　　　　　11.8（2018年アイビスSD）
⑪マルターズアポジー　　12.0（2017年七夕賞他）
⑮イベリス　　　　　　　12.0（2019年NHKマイルC）

　スタートから200mに着目すると、逃げ馬は大きく2種類に分類できると考えています。

2019年9月29日　中山11R
スプリンターズS（GI）芝1200m良

着	馬名	斤量	タイム	位置取り	上がり	人気
1	4⑧タワーオブロンドン	57	1.07.1	11-8	33.5	2
2	4⑦モズスーパーフレア	55	1.07.2	1-1	34.4	3
3	1②ダノンスマッシュ	57	1.07.2	7-8	33.7	1
4	7⑬ミスターメロディ	57	1.07.4	4-2	34.1	6
5	3⑤レッツゴードンキ	55	1.07.5	14-14	33.4	9
6	6⑫ダイメイプリンセス	55	1.07.5	7-5	34.0	12
7	7⑭ハッピーアワー	55	1.07.6	16-16	33.1	13
8	3⑥ノーワン	53	1.07.8	12-10	33.9	14
9	2④リナーテ	55	1.07.9	12-10	34.0	5
10	1①アレスバローズ	57	1.08.0	14-14	33.9	11
11	8⑮イベリス	53	1.08.0	4-5	34.8	10
12	2③セイウンコウセイ	57	1.08.1	4-5	34.9	8
13	5⑨ディアンドル	53	1.08.6	7-10	35.1	4
14	6⑪マルターズアポジー	57	1.08.7	2-2	35.7	15
15	5⑩ラブカンプー	55	1.08.8	7-10	35.4	16
16	8⑯ファンタジスト	55	1.09.3	2-2	36.3	7

ラップ 11.9 - 10.1 - 10.8 - 11.3 - 11.2 - 11.8

ペース 11.9 - 22.0 - 32.8 - 44.1 - 55.3 - 67.1 (32.8-34.3)

単勝290円　複勝130円 180円 120円　枠連1,250円　馬連1,260円
ワイド430円 220円 380円　馬単2,040円　三連複1,070円　三連単6,080円

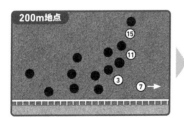

⑦モズスーパーフレアがすんなりハナを切る。
⑪マルターズアポジーがグイグイ押して2番手。

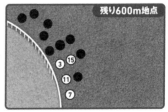

⑦（⑪⑯）（③⑮⑬）という隊列が決まり。モズ
スーパーフレアがリードを広げる。

①スタートダッシュを決めて、
　逃げのポジションを早々と確定させるタイプ
➡モズスーパーフレアはこのタイプに該当します。基本的にスピードがあるので騎手は抑えず自由に走らせます。

②スタート横並びから騎手がグイグイ押してハナを奪いに行くタイプ
➡ファストフォースはこのタイプに該当します。このタイプの馬がモズスーパーフレアのような馬に後ろから競りかけに行くと自分が潰れてしまうので、大抵は2、3番手に控えます。②のタイプは逃げないと力を発揮できないなど、気性的な理由から騎手が強引にハナを叩きに行くケースが多く見られます。①のタイプが同じレースに出てくる場合は逃げられない可能性が高いので、評価を下げる必要があります。過去レースの動画・ラップを見るだけでもこれだけのことがわかります。

　スタート直後200mのラップは、馬の性能を端的に現します。本書で何度も登場するスプリント路線のモズスーパーフレアは、馬なりで12.0を切るラップを何度も計時しています。一方で、ファストフォースは、スタート直後に騎手がゴリ押しも、なかなか先手を取れず、一線級が集結した2021年スプリンターズSでは先行できずに惨敗しました。

　また、中距離路線においても、菊花賞・天皇賞春・宝塚記念を勝ったタイトルホルダーや、金鯱賞・札幌記念を勝ったジャックドール、ヴィクトリアマイルを勝ったソダシは、12秒台中盤のラップを刻んで、馬なりで楽に先行できるダッシュ力があり、アッサリ主導権を握れる強さがありました。一方、このタイトルホルダー、ジャックドールと対戦したことがあるディープボンドとパンサラッサは先に挙げた2頭と対照的に、ゴリ押ししなければ先手を取れない弱点がありました。

隊列予想の参考レース

ファストフォース vs モズスーパーフレア
2021年8月22日　小倉11R 北九州記念　芝1200m稍重

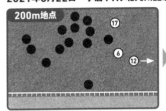 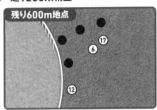

先手を主張したい⑥ファストフォースは鞍上ゴリ押しも、馬なりの⑫モズスーパーフレアにアッサリ先手を取られる（200m通過ラップ11.7）。

2021年10月3日　中山11R スプリンターズS　芝1200m良

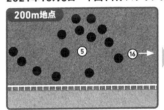 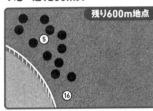

⑯モズスーパーフレアが逃げる。⑤ファストフォースは鞍上がゴリ押しするも、逃げ争いに参加できず。陣営の逃げ宣言がなんとも……。第6章で言及した通り、逃げたくても、逃げられる能力がなければ逃げられない（200m通過ラップ11.7）。

ファストフォース vs テイエムスパーダ
2022年7月3日　小倉11R CBC賞　芝1200m良

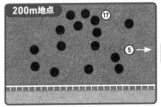 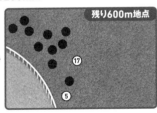

⑰ファストフォースは鞍上ゴリ押しも、ダッシュ力のある⑤テイエムスパーダらにグングン離される。本項の趣旨「逃げるのはどの馬?」には関係ないが、道中も終始追い通しで、3、4コーナーを迎える頃には垂れてしまった。衰えの兆候でよく見られるパターン（200m通過ラップ11.4）。

前例踏襲が基本　責任は誰だって取りたくない

　よく「内を回せば」「前目に行ければ」という見解や予想（希望？）を目にします。しかし、実際のレースでは、前回のレースと同じパターンになることが多く見られます。そして、レース後には騎手へバッシングの嵐。「なぜ同じことを！」「またかよ！」「学習しろよ！」。なぜ、前回のレースと同じことが起きるのでしょうか？ それは、仮に違う乗り方をして惨敗でもしようものなら、全責任が騎手へ来るからです。そんなリスクを背負ってまで危ない橋は渡りたくないと考えるのが普通の感覚です。2020年エリザベス女王杯、ノームコア（2番人気）で、普段はやらない大逃げをした横山典騎手の感覚は普通じゃありません。騎手は職業であり、彼らは遊びや趣味で馬に乗っているわけではありません。干されたら稼ぎ場所を失います。「多分、前走と同じようなレースになるだろう（前例踏襲）」と考えるのを基本にしましょう。

　ごく稀に、前走とは全く違う位置取りになることがあります。例えば、2021年スプリンターズSのシヴァージ。1400mのレースでも後方からのレースになることが多い馬ですが、この日は先行しました（3着）。結果的に、私は隊列を読み違えてしまい反省すべきなのですが、こんなことが起こるのはレアケースです。いくらなんでも、予想ではここまでケアできないので、私は割り切ります。

　本章の冒頭でも言及した通り、展開予想は非常に難しく、人気馬に重い印を打つときに、「こうなるだろう」と展開を決め打ちする発想は非常に危険です。展開予想はある程度ラフに、冗長性を持たせておいたほうが良いです。逆に、大穴なら、リスクは付き物なので、ある程度展開を決め打ちしても良いと思います。

馬はバイクじゃない　馬は朝令暮改が大嫌い

　ゴリ押しせずに逃げられなかった馬や、好スタートを決めて控えた馬に対して、「なぜ逃げないんだよ」「せっかく好スタート決めたのに、控えるなよ」のような意見は少なくありませんが、馬はバイクではありません。

　例えば、自分が馬の立場ならどうでしょうか？　人間の指示や制止を「はい、わかりました」と聞くでしょうか？　そのような精神構造のオープン馬は少ないと思います。ほとんどのオープン馬は、人間の言うことなんか聞かないと考えれば、少頭数のレースで超スローになりやすいことの説明がつきます。引っ掛かってからブレーキを踏んだら、馬がヘソを曲げて試合終了です。

　仕事をやっていて、こんな経験はなかったでしょうか？

部長「○○君、あの案件を進めておいてくれ。タイトなスケジュールだから、大至急頼むよ」
貴方「わかりました」（よし、期待に応えられるように、頑張ろう）
　　（指示通り、なんとか間に合わせようとフルスロットル）

———— 夕方 ————

部長「○○君、悪い。ちょっと方針が変わって、一旦白紙になった。明日もう一度会議をやろう」
貴方「!!!」（せっかく間に合わせようとやったのに……。付き合ってられるかよ）

　多方面の調整が必要な仕事だからやむを得ないとは言え、やはり呑み込むのは辛いものがあります。馬より脳が発達している人間で

さえ、割り切るのが大変ですから、馬はもっと大変です。

　上記の論理で、①スタートからゴリ押しして隊列が落ち着いたら「ペースを落とせ」「待て」の指示を出す、②道中で極端なスローになった場合、アクセルをチョコンと踏んである程度前目に行ったら「待て」の合図。これって、馬にとってはストレス以外の何者でもありません。特に、本書で対象としているような芝オープンクラスまで上がれるような馬は総じて気性が荒いので、このような指示は馬のやる気を削ぐトリガーでしかありません。だから、ペースが落ち着くレースでは道中で迂闊に仕掛ければ目標にされるデメリットしかないため、レースはトコトン落ち着いて膠着状態に陥りやすくなるわけです。

　ほとんどの馬は、「Go！」の指示を出せば、バテるまで止められません。放馬した馬が暴走したり、落馬しても隊列についていく馬がいたりするのが典型例で、止めようにもなかなか止められないのが現実です。だからこそ、レース中に馬に対して「行け！（スタート直後）」「待て（道中）」「行け！（直線）」の複雑な指示をするのは、一部例外を除いて不可能で、「ちょっと前に行ってれば好走できたのに」というのは筋違いなのです。

　2022年の中日新聞杯でも、1番人気のプログノーシスが思いっきり後方まで下げて4着に負け、藤岡佑介騎手が叩かれていました。しかし、プログノーシスは後方で折り合いに専念しないと良さが消える馬であり、「もう少し前に行ければ」の論理は通用しません。ああいう競馬しかできないため、騎手が替わったとしても差し損ねるリスクはなくなりません。

第9章

妙味追求

▶▶ 特価を見極める ◀◀

競馬の教科書

人気馬は減点方式、穴馬は加点方式

　馬券で利益を上げる上で、人気馬とどう付き合っていくかは非常に大事です。人気を背負っていて「消すに消せない」馬がいる一方で、割り切って（思い切って）消す決断も時には必要になります。人気馬が飛んで大穴があけば配当が大きく跳ねるのは、言うまでもありません。

　第3章の「予想と馬券は切り離せ！」の項目で言及しましたが、予想はオーソドックスに行うべきで、奇をてらう必要はありません（詳細は、第3章を参照してください）。しかし、馬券に関してはオッズとの兼ね合いがあります。儲からない目を買ってもしょうがないので、予想をベースに割り切りを入れていく必要があります。その大前提を押さえた上で、人気馬と穴馬の印を打つ際には、以下のような思考を入れていきます。

　人気馬は悲観的に ▸辛めの評価
　穴馬は楽観的に ▸甘めの評価

　同じ視点で印を打てば、多くのケースで人気馬のほうが重い印となります。人気馬は不安要素や不確定要素等の減点材料を見つけたら、強い割り切りと覚悟を入れて、積極的に印を落としていきます。逆に、穴馬は不確定要素を見つけたら積極的に（思い切って）重い印を打つように舵を切っていきます。例えば、人気馬と穴馬が同じ戦績だと仮定して、次のように「割り切り」を入れていきます（積極的なリスクテイク）。

ケース①　　　　　　　　　**連勝中で勢いがある**

▸人気馬：連勝中だけど、疲れが溜まっている可能性があるから消す

⇒**穴　馬**：連勝中で、勢いがあるから買う（このケースで穴馬になることはあまりないが）

ケース② ## 初の右回り、函館競馬場

⇒**人気馬**：右回り、洋芝適性がないかもしれないから消す
⇒**穴　馬**：右回り、洋芝適性があるかもしれないから買う

ケース③ ## マイル路線から初の1200m

⇒**人気馬：流れに乗れない可能性があるから消す**

➡過剰人気傾向がある馬の距離短縮は人気になりやすいです。例えば、2019年夏にスプリント路線に変更したタワーオブロンドン。短距離に順応した後にスプリンターズSを勝ちましたが、短距離転向後の数レースは流れに乗れませんでした。「2000m前後が最もハイレベル」に関係しますが、人気を背負う場合には、一気の距離短縮による「追走できるか？」のリスクを悲観的に考慮すべきです（追走できずに「競馬になりませんでした」というのは、競馬では日常茶飯事）。セントウルSで圏外に飛んだソングライン、スプリンターズSで圏外に飛んだシュネルマイスターも同様。

⇒**穴　馬：流れに上手く乗れれば勝負になるので買う**

➡青函Sで◎を打ったヴァトレニは、3勝クラスから勝ち上がってのオープン特別でした。単勝7.4倍だったので、穴馬とまでは言えませんが、1600mからの臨戦過程はこの馬だけで、他の馬はほとんどが1200mからの臨戦過程でした。12秒前半のラップでも先行できるだけの素養は十分ありましたし、外枠を引いたので、スタートで立ち遅れた場合には、道中で押し上げることができなくもない状況でした。しかも、この日の函館は、午前中からずっと外めが有利なトラックバイアスでした。

2022年6月25日　函館11R
青函S（3歳以上オープン） 芝1200m良

着		馬名	タイム	前走レース名	前走コース・着順	人気
◎ 1	7 ⑭	ヴァトレニ	1.08.6	志摩S・3勝	中京芝1600・1着	3
2	8 ⑮	ジュビリーヘッド	1.08.9	函館SS	函館芝1200・2着	1
3	8 ⑯	マイネルジェロディ	1.09.0	オーシャンS	中山芝1200・14着	4
4	7 ⑬	リンゴアメ	1.09.0	鞍馬S	中京芝1200・12着	9
5	3 ⑤	ダイメイフジ	1.09.2	函館SS	函館芝1200・8着	13
6	2 ③	チェアリングソング	1.09.3	鞍馬S	中京芝1200・15着	10
7	4 ⑦	グルーヴィット	1.09.3	鞍馬S	中京芝1200・5着	6
8	1 ②	マイネルアルケミー	1.09.3	シルクロードS	中京芝1200・17着	14
9	6 ⑫	シーズンズギフト	1.09.4	バレンタインS	東京ダ1400・13着	12
10	5 ⑩	コラトゥーレ	1.09.5	春雷SH(L)	中山芝1200・16着	16
11	1 ①	ショウナンアニメ	1.09.6	京葉S(L)	中山ダ1200・15着	11
12	5 ⑨	プルパレイ	1.09.8	函館SS	函館芝1200・15着	2
13	6 ⑪	タイセイアベニール	1.10.0	函館SS	函館芝1200・3着	5
14	2 ④	ペプチドバンブー	1.10.1	函館SS	函館芝1200・14着	15
中	3 ⑥	ローレルアイリス		春雷SH(L)	中山芝1200・11着	8
中	4 ⑧	トップオブメジャー		函館SS	函館芝1200・9着	7

単勝740円　複勝260円 140円 230円　枠連720円　馬連1,280円
ワイド600円 1,170円 400円　馬単2,780円　三連複3,450円　三連単17,280円

投票内容				
(1) 的中	函館（土）11R 単勝	14 13,000円	◉
(2) 的中	函館（土）11R 複勝	14 7,000円	◉
購入金額		20,000円	

　他章でも言及していますが、最もハイレベルな2000mをピラミッドの頂点にして、距離が短くなればなるほどメンバーレベルは低下します。一方で、先に挙げた通り、ソングラインやシュネルマイスターのように、追走に苦労して競馬にならないことは日常茶飯事です。だからこそ「距離短縮」は、人気がないときに、そのリスクを許容できる場合だけ狙い続ければ良いというのが、本書の考え方です。

ケース④　　　　　　　　　　　　　　　　　**追込み馬**

▸**人気馬：大外を回して届かない、あるいは不利を受ける可能性に賭けて消す。**

➡人気の追込み馬はかなり評価を下げます。

▸**穴　馬：ハマる可能性に賭けて買う。**

➡ティーハーフのように、追込み一手でなぜか人気がない馬が狙い
　目です。外差し馬場だと突っ込んでくる場合があります。

2019年1月27日　京都11R
シルクロードS（GⅢ）芝1200m良 18頭立て

着	馬名	斤量	タイム	位置取り	上がり	人気
1	❶②ダノンスマッシュ	56.5	1.08.3	5-5	34.2	1
2	❹⑧エスティタート	53	1.08.5	9-14	33.9	11
3	❽⑱ティーハーフ	57	1.08.5	16-15	33.7	12

馬券で大幅減点するモデルケース
（過剰人気の可能性が高い）

　過剰人気しやすい馬のパターンもいくつか紹介しましょう。

競馬の教科書
発想を変えるだけで回収率は上がる

① 超良血馬（母がGⅠ馬など）

　競馬ファンに大人気のPOGで人気を集める馬なので、出走自体が注目され、記事が多く出回ります（書けば記事が売れる）。そもそも過剰人気になることが多いので、私は馬券を検討する際に積極的に消すことが多いです。どうしても買い目から消せないと思ったら、そのレースで馬券を買わないことが視野に入ってきます。

　例えば、仏・米でGⅠを6勝したスタセリタを母に持つソウル

ソウルスターリングの戦績

日付	レース名	コース	単勝オッズ	人気	着順
2016/7/31	2歳新馬	札幌芝1800良	1.7	1	1
2016/10/22	アイビーS(OP)	東京芝1800良	2.5	2	1
2016/12/11	阪神JF(G1)	阪神芝1600良	2.8	1	1
2017/3/4	チューリップ賞(G3)	阪神芝1600良	1.5	1	1
2017/4/9	桜花賞(G1)	阪神芝1600稍	1.4	1	3
2017/5/21	オークス(G1)	東京芝2400良	2.4	1	1
2017/10/8	毎日王冠(G2)	東京芝1800良	2.0	1	8
2017/10/29	天皇賞秋(G1)	東京芝2000不	9.4	4	6
2017/11/26	ジャパンC(G1)	東京芝2400良	9.3	4	7
2018/4/7	阪神牝馬S(G2)	阪神芝1600良	3.6	2	10
2018/5/13	ヴィクトリアM(G1)	東京芝1600稍	11.4	5	7
2018/7/29	クイーンS(G3)	札幌芝1800良	4.5	2	3
2018/10/13	府中牝馬S(G2)	東京芝1800良	7.7	3	10
2019/5/12	ヴィクトリアM(G1)	東京芝1600良	21.6	8	9
2019/6/9	エプソムC(G3)	東京芝1800稍			取
2019/10/14	府中牝馬S(G2)	東京芝1800稍			取
2020/3/1	中山記念(G2)	中山芝1800良	38.6	6	3
2020/3/28	日経賞(G2)	中山芝2500良	13.6	7	13

スターリングは、オークスまでは強かったのですが、その後の戦績はパッとしませんでした。それにもかかわらず、レースに出てくれば単勝オッズは上位人気という状況が続きました。

②名馬の近親

　いわゆる競馬のロマンです。兄が強かったから弟も！　しかし、そう簡単にいきません。「〇〇の弟」と新聞に書かれていたら、その時点で過剰人気を疑います。そもそも、JRAに登録している馬の父親はほぼみんなGⅠタイトルを獲っていて、そのハイレベルな中からさらに淘汰されていく世界です。上位人気になる馬を「あれもこれも」印を打っていては、20％以上の控除率を突破し、回収率100％超えを達成することは困難です。良血馬は、よほどの理由がない限りは重い印を打たないことを定石にしています。

　第6章でも紹介しましたが、2021年紫苑Sのエクランドール（フィエールマンの全妹）は、1勝クラスを勝ち上がったばかりなのに、単勝3.5倍の1番人気に推されました(17着)。勝ったファインルージュは4.5倍の2番人気でした。実績や臨戦過程を考慮すると、ファインルージュのほうが実力断然の可能性が高かったので、ファインルージュを上位に評価しました（第11章「複勝チャレンジ」で紹介します）。

　その翌週に行われたローズSには、アンドヴァラナウトが出走しました。母はグルヴェイグ（エアグルーヴの娘）なので、エアグルーヴの孫にあたります。近親にはGⅠ馬が多数いる血統です。先出のエクランドールと同様、1勝クラス（出雲崎特別）を勝ったばかりで単勝5.8倍でした。結果的には勝ちましたが、下級条件から勝ち上がってきていきなり重賞で好走できる例はレアケースです。

③馬は弱いのに騎手が人気を集める

　これは外国人騎手全般に言えることですが、彼らが騎乗するだけ

で過剰人気になります。上手いのは認めますが、馬券の期待値は大きく低下します。ちょっと古いですが、象徴的な話があるので紹介したいと思います。2011年ダービーにL.デットーリ騎手がやってきました。全盛期のデットーリは本当にすごくて、騎手の力で勝たせたというレースが日本でも何度もありました。しかし、肝心の馬デボネアは、皐月賞で14番人気46.1倍4着にもかかわらず、ダービーは3番人気7.8倍の支持を集めました（結果12着）。どう考えても過剰人気です。

　2020年以降、幅を利かせているレーン騎手やC.デムーロ騎手ら短期免許の外国人騎手が乗る場合は、馬券的な妙味が薄くなります。クラスが上がるほど騎手の重要性が上がることは否定しませんが、騎手欄は誰でもチェックできますし、注目度も高いのでオッズを大きく動かすことを肝に銘じるべきです。どんなに上手い騎手であっても、ミスるときはミスるし、下手な騎手でもプロはプロです。上手い騎手が騎乗するというだけで、オッズは馬の能力以上に、過剰に動きます。

④ なぜか人気者

　理由はわかりませんが、なぜか人気者の馬がいます。近年の代表格は、なんと言ってもレッドジェネシス。菊花賞1番人気3.9倍は、さすがに理解不能でした。前哨戦である神戸新聞杯ではシャフリヤールに先着しているものの、ステラヴェローチェに負けていますし、この時はドロドロの不良馬場で、競走能力を測るには不向きなレースでした。

　蓋を開けてみれば、タイトルホルダー（8.0倍1着）、オーソクレース（5.4倍2着）、ステラヴェローチェ（4.1倍4着）の結果。過剰に人気を背負っている馬に対して、「なんとなく気になる」「なんとなく怖い」「インサイダー情報でもあるのでは？」と思う気持ちはわからなくもないですが、これって、「品薄」と言われていたマ

レッドジェネシスの戦績

※2022年11月末時点

日付	レース名	コース	単勝オッズ	人気	着順
2020/7/19	2歳新馬	阪神芝2000良	1.7	1	3
2020/8/22	2歳未勝利	小倉芝1800良	2.1	1	3
2020/11/22	2歳未勝利	阪神芝1800良	3.9	1	4
2020/12/5	2歳未勝利	阪神芝1800良	1.7	1	1
2021/2/20	フリージア賞(1勝C)	東京芝2000良	5.2	2	6
2021/3/13	ゆきやなぎ賞(1勝C)	阪神芝2400稍	2.8	1	1
2021/5/8	京都新聞杯(G2)	中京芝2200良	4.3	3	1
2021/5/30	ダービー(G1)	東京芝2400良	57	13	11
2021/9/26	神戸新聞杯(G2)	中京芝2200不	26.5	5	2
2021/10/24	菊花賞(G1)	阪神芝3000良	3.9	1	13
2022/2/13	京都記念(G2)	阪神芝2200稍	6.1	2	13
2022/4/3	大阪杯(G1)	阪神芝2000良	111.6	12	13
2022/7/10	七夕賞(G3)	福島芝2000良	21.5	10	15
2022/9/4	新潟記念(G3)	新潟芝2000良	63	14	16
2022/11/27	カノープスS(OP)	阪神ダ2000稍	40.6	12	12

スクに行列を作って並ぶのと同じ行為です（実態は、決して品薄ではなかった）。ちょっと俯瞰的に考えれば、春先のクラシックで活躍したタイトルホルダー、ステラヴェローチェのほうがどう考えても格上です。「なんとなく」から脱却しなければ、馬券で勝つことが難しくなるのは言うまでもありません。強いと思われる馬よりも人気を背負っているのであれば、トラックバイアスとオッズを考慮して評価を下げるべきです。

回顧の重要性　予想の質を上げる

　過剰人気しやすい馬のパターン①②③④について説明しましたが、なぜこの話をしたかというと、競馬は「勝つ馬を探すよりも、負ける馬を見つけるほうが簡単」だからです。①②③④に該当する馬が出走していれば、本当に勝てるのかを懐疑的に検証します。支持を集めそうな馬の評価を下げられれば、その時点で馬券の期待値が大幅に上がります。

　ここからは、どうやって危険な人気馬を見極めるか？について触れることにします。最も効果的な方法は、レース後の回顧に時間を割くことです。そうすることで危険な人気馬を見極められる眼が養われていきます。具体的に、回顧で着目するポイントを以下に示します。

①好走した人気馬の着順　過去の戦歴
②凡走した人気馬の着順　過去の戦歴
③好走した不人気馬の着順　過去の戦歴
④トラックバイアス（内外の有利不利）
⑤出遅れ、不利など映像から読み取れる情報
⑥レース中の位置取り、コース取り
⑦レースのラップ（全体時計、前傾、後傾）

　細かいことを言えば他にもありますが、まずは①～⑦で十分です。予想するときには答え（レース結果）がありませんが、回顧するときには答えが出ています。予想だけして回顧しないのは間違いに気付くチャンスを放棄するのと同じことです。結果の良し悪しに関わらず、回顧することで自分の予想がどうだったか反省することができ、なぜそういう結果になったのか？を考える習慣付けをすることによって、競馬の本質がわかってきます。

　ちょっとだけ脱線しますが、私はTwitterで回顧を配信していません。正確に言うと、配信しなくなりました。2021年春くらいまでは、週初めに前週のレース回顧を配信していましたが、あまりにも注目度が低く、翌週の予想しか注目されないので配信をやめました。しかし、実際には、3勝クラス以上の芝レースは予想している、していないに関わらず上記の①〜⑦の分析をしっかりやっています。少なくとも、自分が予想したレース回顧は、馬券の的中を度外視して、是非やっていただきたいと思います。終わったレースは、答え（着順、配当）が出ています。「先週の予想・馬券は、客観的に見てどうだったのか？」を静かに振り返ってみてください。回顧にしっかり時間をかければ、予想の質は必ず上がります。予想の質が上がれば、オッズへの嗅覚も鋭くなり、馬券の質も連動して上がります。その結果、収支は大きく改善するのは言うまでもありません。

　よく「危険な人気馬の見抜き方を教えて欲しい」「危険な人気馬の見抜き方がわからない」「オッズの歪みがわからない」と質問をいただきますが、とにかくレース回顧を一生懸命やる。これだけです。レース回顧をやっている瞬間は1円にもなりません。退屈だし、苦痛ですが、それでは予想の質は上がりません。やってやりっ放しの仕事を繰り返しても、仕事の質は向上しません。

COLUMN

パトロールビデオ

2022年12月にJRA-VANの改訂があり、パトロールビデオを手軽に見られるようになりましたが、私はこれまで、パトロールビデオを予想で使ってきませんでした。「パトロールビデオを見れば、もっと色々わかるのでは？」等のご意見はごもっともであり、同意です。

しかしながら、パトロールビデオを見れば得られる情報はあるにはありますが、極めて限定的です。普通のレース映像を見れば、ほとんどのケースで用が足ります。数十レースに1回、パトロールビデオで有用な情報を得られるとしても、かけた時間の割に成果が残せなければ、第2章の「私はこれを捨てた」で言及した通り、生産性の高い仕事とは言えません。

また、パトロールビデオで前走不利を受けた馬はわかっても、不利がなければどこまで好走できていたか？は結局わかりません。不利を受けなかったら勝っていたかどうかは、所詮は想像の域を出ないと考えています。不利を受けた馬を探すことよりも、好走した馬の『最大出力』や『立ち回り』をしっかりと分析してインプットしておくことのほうが、私の中で優先度が上です。

第 10 章

資金管理

▶▶ 計画的に購入する ◀◀

競馬の教科書

当たり前のことが意外とできていない

　繰り返しになりますが、競馬で勝つために大事なことを以下に示します。

①質の高い予想をすること（週中予想で、勝てる馬券を組み立てられるための基盤を整える）
②トラックバイアスとオッズを確認して、①をベースに馬券を組み立てる（馬券戦略）
③運用計画に基づき、粛々と馬券を買う（資金管理）

　これって、当たり前のことしか言っていないのですが、意外とできている人が少ないと思います。例えば、以下にこれらの逆の具体例【悪い例】を挙げます。心当たりがないでしょうか？

①狙っている馬が登録していると、その馬しか見えない盲目的な状態になる。俯瞰的に競馬を分析できない
➡他馬との相対比較はできていますか？ 競馬は単走ではありません。大事なのは相対評価と、その馬のキャラ（例えば、「揉まれ弱い」）。相手と比べてどうかです。特定の馬だけ贔屓目に評価して週末を迎えて、中立的な目線で馬券を組み立てられるでしょうか？ 週中に「これだ!!」と絞ってしまうと、もうその馬を買う選択肢しかありません。週中予想では、とにかく「決めない」でノラリクラリと過ごすのがベターです。人間は、前に進んだら、後戻りが難しい生き物です。週中予想の段階では、枠順、トラックバイアス、オッズがわかっていません。これらがわかってから馬券の買い目を決めないと、期待値の高い馬券を仕込めません。

②予想をして、枠順が決まった時点で◎○▲△。そのまま馬券を買う

➡トラックバイアスとオッズは確認できていますか？ トラックバイアスと真逆の馬を選んでいませんか？ また、「後悔しないように」と、割に合わないオッズにもかかわらず、予想した通りの無理な勝負をしていないですか？「予想」と「馬券」は別物です。本書で何度も述べていますが、競馬で勝つのはそもそも難しいという点は強く自覚すべきで、「マイナス20％（控除率考慮）」がスタートラインです。勝てる馬券を仕込めるチャンスなんて、そうそう巡ってきません。「予想」がどんなに上手くなっても、期待値の低い馬券・買い目をそのまま買い続けるようでは、勝つのは極めて困難です。

③「自信がある」からと言って、無計画にレートを上げる

➡自信があったとしても、馬券購入者にはレース結果をコントロールすることはできません。レートを上げるのは愚の骨頂。レートは一定が基本です。往々にして、レートを上げたくなるのは断然人気の馬ではないでしょうか？ 大穴にブチ込むのなら、まだわかりますが。万が一ミスったら、挽回困難なビハインドを背負います。大穴にブチ込める金額が貴方の限界レートで、大穴にブチ込めない金額を人気サイドにブチ込むのはNGです。

　このように、【悪い例】①②③にハマってしまうと、期待値の低い馬券・買い目へと無意識のうちに向かっていくことになり、馬券で稼ぐことが極めて難しくなります。

　次項以降では、高い回収率を達成するための計画的な資金管理やレート管理について解説していきます。

年間の予算管理

　よく質問をいただく内容です。「馬券のレート設定はどうするべきでしょうか？」「毎月勝ち越すためにはどうするべきでしょうか？」「ついつい賭けすぎてしまって、パンクしてしまいます」。この件については普遍的な話題ですが、『競馬の教科書 別冊』でも同様の話題がありましたので、抜粋します。

 **馬券が当たらない
メンタルコントロールの方法は？**

御二方は、馬券は当たらないものだと思って馬券を購入されていると思われますが、私は馬券が外れ続けると、どうしてもメンタルが保てません。年間馬券資金が50万だとしたら、参加レースにもよりますが、1レースいくら馬券を購入すればメンタルが保てられると思いますか？

予想屋マスター　どう思いますか？
玉嶋　私なら、1年で約50レース（12ヶ月×4週≒50週）と考えて、吟味した上で週に勝負レースを1レースにして、1万円×50レース＝50万円にします。
予想屋マスター　僕も1週間に1万円だと思いました。僕の予想を使うのなら、1レースいくらじゃなくて、1週間の資金を1万円にして、高配当だけ買って欲しいので。そうなると1週間に2〜3レースになると思います。でも、ちょっと驚いたのが、玉嶋さんはこの質問だったらもっと買うのかなと思ったんですよ。
玉嶋　いやいや、競馬ってそもそも難しいから、資金を回そうなんて大甘ですよ（苦笑）。年間予算が50万円なら、購入金額は50万円が精一杯です。それ以上は無理！

　私の場合ですが、年始にあることをしています。銀行口座に、年末までに賭ける金額を入金し、そのお金は捨てたことにしています。捨てたお金だから、負けるのは怖くなくなります。勝ったら捨てたはずのお金が戻ってきた、という状況で競馬に臨めます。たかが精神論で馬券術には全く関係ありません。しかし、イチロー氏は現役時代、打席に入るときに打率は見なかったそうです。理由は、ヒットを打てなければ打率が下がるのが怖くなるからだそうです。あのイチロー氏ですらメンタルコントロールをするために工夫をしています。凡人の我々はもっと努力しなければなりません。負けるのが怖い心理状態では、強気に馬券を買うことなどできるわけがありません。「こうしてください」というのを押し付ける気はありません。人それぞれやり方があるとは思いますが、一例として挙げました。

購入金額のルール

　予算管理について、色々な考え方「追上げ法」「追下げ法」「マーチンゲール法」等、様々な考え方がありますが、馬券の購入金額は以下のルールを守るべきです。

▶小遣い等の余剰資金を投資する
▶1レース当たりの予算を決める
▶勝ったお金は手元に残す
▶負けを取り戻すための勝負をしない

　上記はどれも「精神的な余裕」を持った状態で競馬に臨むためのルールです。なぜ精神的な余裕が大事かと言うと、競馬は守りに入って当てにいこうとすると俄然難しくなるからです。ここで言う難しいというのは、「回収する」視点からです。1レースごとの結果にこだわってしまうと、強気に穴馬を狙えなくなり、本命サイド狙

いの守りの馬券を買ってしまうのが人情です。「なくなったら困るお金」を使って、冷静に期待値の高い穴馬券を分析して勝負できるでしょうか？ 例えば、全財産をつぎ込んで単勝50倍1点買いできますか？ 的中しそうな人気サイドに気持ちが傾くのが普通です。長期スパンで強気に勝負できる環境を整えなければ、競馬は勝てません。

　余談ですが、身の丈に合わないレートで資金をパンクさせてしまう人は少なくありません。「自信がある」からと言って、断然人気馬の複勝にブチ込むのをTwitterでも散見しますが、万が一ミスったらシャレになりません。

　例えば、堅めの複勝に張る「複勝チャレンジ」。複勝チャレンジは、あくまでも副業の位置付けなので、勝負する券種の1/3〜1/2程度のレートを推奨します。上位人気の複勝を買うのは、誰でも強烈な欲目が襲ってきて、気が大きくなりますが、外れるときは外れます。本章の冒頭でも触れましたが、複勝に大金をブチ込んで万が一ミスったら、挽回困難なビハインドを背負うことになります。また、レートをどこまでも上げ続けると歯止めが効かなくなって、レートを上げ続けて失敗するまで繰り返す人も少なくありません。先程挙げた「勝負する券種の1/3〜1/2程度のレート」に根拠はありませんが、私は歯止めを掛けておくという意味で上限を設けています。

「回収額」管理がオススメ　その理由

　読者の方々は、馬券の収支管理をどのようにやっていますか？ 一般的な指標は「回収率」（割り算）ですが、私は「回収額」（足し算）で管理しています。なぜ「回収額」かと言うと、足し算だからゴールが動きません。前項で言及した通り、年始に年間予算を決めているので、的中額の合計が年間予算を超えれば回収率100%を

超えられます。では、以下のモデルケースを見てみましょう。やっていることは同じなのですが……。

【条件】年間予算24万円　2万円／月

①回収率管理　金子さん（仮名）

1月末	よっしゃ! 今月は跳ねた! これで累計回収率180%だ! 今年はいける!
2月末	今週は負けちゃったよ……。今週は0%! えーと……、累計回収率130%まで下がっちゃった。
3月末	今月はチョイ勝ち。 累計回収率は125%か。まあまあ。
4月末	今月は大勝利! 累計回収率130%! このままいけば!
5月スタート	回収率は下げたくない。 今週はなんとか当てて、見栄えする回収率にしたい。

②回収額管理　コロ助くん（仮名）

1月末	今月の回収額は3.6万円。残り20.4万円。
2月末	今月の回収額は1.6万円。残り18.8万円。
3月末	今月の回収額は2.3万円。残り16.5万円。
4月末	今月の回収額は2.9万円。残り13.6万円。
5月スタート	ゴールまであと10万円ちょっと。年末まで粛々と 積み上げれば、プラス確定。気長にいこう。

回収率管理と回収額管理の違い

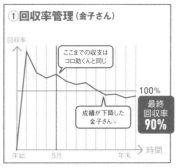

① 回収率管理（金子さん）

回収率

ここまでの収支は
コロ助くんと同じ

100%

成績が下降した
金子さん

最終
回収率
90%

年始　　5月　　年末　時間

数字は悪くないのに、5月スタート時点で、数字を
気にし始めて守りに入って置きにいく馬券を連
発。金子さんはその後ボロボロになった。

② 回収額管理（コロ助くん）

回収額

数字を伸ばし続けた
コロ助くん

最終
回収率
150%

24万

ここまでの収支は
金子さんと同じ

年始　　5月　　年末　時間

5月に入っても、前向きな精神状態で淡々と期待
値の高い馬券を買い続けて、コロ助くんは回収額
を伸ばした。

　どうでしょうか？ ①②の結果は同じですが、2人の受け止め方
は違います。①は割り算であるため、目標である回収率100%超
のゴールが毎月、もう少し細かく言うと毎レース動きます。頑張っ
ているのに、数字が下がることがあるのは、誰でも同じです。「負
けたくない」「守りたい」のマイナス思考を誘発します。
　私の推奨は、あまり一般的ではない②のパターン。②はゴールの
位置が一定で「24万円超」。思考はシンプルで、「それを超えたい」。
イチロー氏が毎年目標に据えていた「年間200安打」と同じ発想
です。こちらは足し算方式なので、目標が近付く（的中）ことはあ
っても、遠ざかる（不的中）ことがないことです。ゴールの位置が
一定だから、常にプラス思考で競馬に向き合えるメリットがありま
す。結果は同じなのですが、考え方でこんなに違うよね？という事
例でした。

資金管理　レートの考え方

　行き当たりバッタリでレートを変えることはあまり感心しません。
レートを変える理由は、大概の場合は以下の通りです。

①競馬で勝って、お金が浮いている
➡賭けるお金が、本人にとって分不相応な金額になっている可能性
　が高い。その結果、予想が守りに入り、人気サイドに印が偏って
　しまう。

②競馬で負けて、お金がない
➡少額で大きく儲けるには、大穴を無理にあけにいく必要がある。
　狙いたくもない、高いオッズ帯の馬券を無理して狙って不的中で
　傷口を広げる。

　予想が①②のようにブレブレになるのがオチです。ハマる場合も
あるでしょうが、行き当たりバッタリでは長期的に勝ち続けること
は難しいでしょう。資金管理は、1年程度のスパンで計画的にやる
べきだと考えています。

均等買いが基本　究極は逆張りレバレッジ

　馬連を予算3,000円で購入するとして、以下の例を見てみまし
ょう。普通に予想して、それらの買い目のオッズを見てみたら、以
下の通りでした。

　　　◎ー○：4倍　　　◎ー△：25倍　　　◎ー△：100倍

　さて、ここから買い目の検討に入ります。

A
◎-○：4倍×2,500円
◎-△：25倍×400円
◎-△：100倍×100円

B
◎-○：4倍×1,000円
◎-△：25倍×1,000円
◎-△：100倍×1,000円

　Aの払戻金はどれが的中しても払戻金は「1万円」です。一方、Bは100倍の馬券が的中すれば「10万円」です。1レースの予算が3,000円だとすると、その後30連敗してもプラス収支です。どちらを選べば良いかというと、私の答えはBです。Aは2,500円を期待値が低いところに投入してしまい、せっかく期待値が高い25倍、100倍のところで大きく回収できるチャンスを放棄しています。

　Aが不正解の理由は、「いやいや、リスクを配分するんだ」という人がいるかとは思いますが、そもそも競馬は期待値0.7～0.8のゲームです。初めからリスクを背負っているのに、それを配分したら0.7～0.8に近い数字に収束するというのが私の考えです。そこで、この理論をさらに応用すると、こうなります。

C
◎-○：4倍×0円
◎-△：25倍×1,500円
◎-△：100倍×1,500円

　競馬ファンが不的中（負ける）を恐れれば、的中率の高い馬券に支持が集まります。しかも、人気サイドには大口の投票が入りやすく、穴サイドには小口の投票が入りやすい傾向があります。それらを逆手にとって、自分は期待値の高い馬券に投票するのです。人気がないからと言って、それが来ないということはありません。的中

率をあえて犠牲にして、大きく回収を狙うのがポイントです。来る
ときは来ます。その時を待ちましょう。

　収支を記録してシミュレーションするとよくわかります。穴馬券を
一度的中させると、大きな貯金ができます。その結果、連敗も許容
できるようになり、さらに強気の攻める馬券を買えるようになります。

　例えば、2021年福島牝馬Sでは、◎ディアンドルでした（結果：
単勝15.4倍／複勝5.4倍）。投入金額は20,000円。ここで、私は
単勝に15,000円、複勝に5,000円張りました。また、凱旋門賞で
トルカータータッソ（単勝万馬券）を、香港スプリントでスカイフィー
ルド（単勝30倍台）を的中させたときは、複勝は一切買いませんで
した。麻雀マンガ「アカギ」で「ケチな点棒拾う気なし」という格
言がありますが、私もその通りだと思っています。回収すべきとき
にガッツリ回収しなければ、競馬は勝てません。一般的なのは「A.均
等払戻し」「B.均等買い」ですが、あえて「C.配当の低い買い目
を抑えて、配当妙味のある買い目に資金を全振りする戦略」です。

不的中　悪い結果との向き合い方

「馬券が外れた」というのは、単なる結果であり、所詮は水物でし
かありません（ゲートが開いたら、自分の手を離れます。運・不運
もあるため、レース結果は自分にはコントロールできないのが大前
提です）。私の場合ですが、レース単体で馬券を外すと悔しいのは、
偽らざる本音です。しかし、馬券が外れて落ち込んだり、うなだれ
たりしたことは、競馬を10年以上やっていますが、一度もありま
せん。毎週、手を抜かずに自分のベストの予想をして馬券を買って
いるつもりですし、たかが1レースに誰よりも時間と労力を懸けて
悩み抜いている自負があります。外れたら外れたで、悪かった点を
改善すれば良いと思いますし、それを繰り返していくことで高い予
想の質を保っていけます。

過度な期待　心の乱れの原因

　ゲートが開く前、貴方はどういう心境でレースを見ますか？「当たってくれ！」「○○が来れば万馬券！」と期待してレースを見る方がほとんどではないでしょうか？

　私の場合ですが、ゲートが開く前は「外れても良い」くらいしか思っていません。自分にコントロールできない「レース結果」（私は騎手でも調教師でもないので）について、過度に期待すると、悪い結果になった場合に心が乱されます。「出遅れた」「不利を受けた」「4着だった。あと少しだったのに」。「当たれ」と思ってレースを見るのと、「外れるだろう」と思ってレースを見るのとでは、気持ちの安定感が全然違います。前者は、結果によって気持ちの浮き沈みが大きく、不安定です。後者は、当たろうが外れようが、結果によって気持ちが大きく動くことはありません（それでも、当たれば嬉しいんですけどね）。競馬では、精神的に安定しているほうが圧倒的に有利です。

スランプの正体　どう向き合う?

「スランプはどう乗り越えるか？」とよく質問をいただきます。偉ぶるつもりはないのですが、私は競馬を10年以上やってきていますが、スランプだと思ったことは一度もありません。前項でも言及しましたが、競馬の結果は我々馬券購入者にはコントロールできません。「ハナ差でスルリ」みたいな時の運もありますし、結果が悪いなら悪いなりに、改善するに尽きます。当たらない、成績が下降しているのを「スランプ」だと言うのは、逃げ口上でしかないと思います。

　以下は、『競馬の教科書 別冊』からの抜粋です。プロである予想屋マスターも、アマチュアである玉嶋も、基本的なスタンスは同じ

です。常に全力で、自分にとって最高の予想をし続けていけば、「ここまでやっているのだから、最後に自分は勝てる」といつも思っています。だから、当たらない時期はあるにしても、スランプと思ったことはありません。

 長いトンネル
スランプはどう乗り越える?

「スランプ時の予想について当たらない、あるいは高配当をゲットできない、といったスランプ期間でも、ご自身の予想スタンス、ポリシーを貫き通せている秘訣、マインドセットを伺いたい（的中が欲しいあまりに予想を置きに行く一般ファンが多いので、そこにアドバイスを頂きたい）スランプありますか?」

予想屋マスター　スランプはあまりないですか?
玉嶋　週に1レースしかやらないと、連敗が長い時は長いんですよね。過去には3、4ヶ月当たらないとかは普通にあって。先程言ったように、そうならないよう多点買いをして的中を拾いながら大連敗にならないようにしています。本を書いているくらいなので、方針はそう決めています。結果が悪ければ、スランプと言うよりも自分の実力不足という認識で、その場合は方針をマイナーチェンジしますかね。
予想屋マスター　なるほどね。僕はね、競馬予想を26年やっているんだけど、レース数をこなしていても、やっぱり当たらない時期はあるんだよね。長い期間やっていると、こういう時もあるのかなってところと、それでも自信を持ってやれているのは、誰にも予想は負けないっていうポリシーがないと、当たらない時に守りに入るともっとマイナスになるのよ。当たらない時はあるにせよ、ずっとプラス収支でやっていけているのは、当たらない時に、守りに入って人気の馬を買えば買うほど、僕

も会員の方も、みんな不幸になるんだよね。競馬だから、幸運、不運の巡り合わせもありますからね。常に努力し続けているのと、自信を持って、今まで結果を残せているんだからってところで頑張るしかない。とにかく感情がマイナスになると、予想も守りになって誰も幸せにならないから、それだけはやりたくないと思うんだよね。

玉嶋　わかります。だから、今のマインドっていう話でいくと、やっぱりやるべきことを粛々とやって、、、何でしょう？　人事を尽くして粛々とやっていくしかない、ということでよろしいでしょうか？

予想屋マスター　そうですね。

玉嶋　やるべきことを当たり前にやって。それでも当たらなければ、スランプと言うよりも、自分の実力がないだけなのかなって。そこは自分に対して厳しさを持って競馬に向き合いたいと思っています。スランプなんて、自分に対する甘えかなと思いますから。私は不的中が続いても、口が裂けても「スランプ」とは言いたくないですね。

　本章では、資金管理は計画を立てて粛々とやることがいかに大切か？　また、不的中や当たらない時期が続いた時期に、それとどう向き合っていくかがいかに大切か？について解説しました。自分の弱さとどう向き合っていくか（私も含めて）？　それを考えるキッカケとなるよう、本章を設けました。例えば、年間予算を決めずに場当たり的に競馬をやっていくと、当たりやすそうな目先の馬券や買い目にブチ込みたくなるのは普通の感情だと思いますが、年間予算を決めておけば、それを自制できます。また、どんなときでも前向きな精神状態で競馬と向き合えるようなマネジメント、セルフコントロールは、考え方次第で誰でもできます。

馬券戦略

▶▶ 高回収に仕上げる ◀◀

競馬の教科書

競馬の教科書
発想を変えるだけで回収率は上がる

期待値を可視化　「マトリックス」

　本書でお伝えしたいのは、私の参戦率の低さ（馬券を購入したレースの少なさ）、高い的中率です。これを実践できれば、本書のカバーで示した通り「設計回収率＝130％」を実現できます。逆の言い方をすれば、どんなに予想が上手くなっても、無策に馬券を購入し続ければ、期待値の低い馬券に足を引っ張られて、マイナス収支に転落すると考えています。

　私は、基本的に「馬券を購入すること」に対して否定的な立場からスタートしています。馬券を購入するレースを徹底的に吟味し、条件の良いレースだけしか馬券を購入しません。芝オープン専門と明言しているので、芝オープンのレースは全てメンバーと枠順をチェックした上で予想をし、その上で高い期待値を想定できる「条件の良いレース」だけ馬券を買うことを徹底しています。

　ここではマトリックスを使って、「高い回収率が期待できるレース」の概略を解説します。マトリックスの上段「Ｌ－Ｈ型」「Ｈ－Ｈ型」のレースパターンを狙い、設計回収率130％に着地させるのが本書の考え方です。

　さらに、マトリックスをベースに2022年に参戦したレース一覧も示します。条件の良いＬ－Ｈ型、Ｈ－Ｈ型だけを選び、それだけを攻めていく一方で、Ｌ－Ｌ型、Ｈ－Ｌ型を徹底的に敬遠しています。象徴的なのは、注目度の高かった日本ダービー、天皇賞秋、ジャパンカップです。「こういうレースで馬券を買い続ければ、馬券で稼げない」と判断したので、馬券は買いませんでした。したがって、表中にはそれらのレースがありません。

　このような戦略で臨めば、的中率と回収率のバランスが上手く取れて、「トータルコーディネートで設計回収率＝130％」が実現可能です。

高(H)

低的中ー高回収型
(L-H型)

混戦で、能力が高い割にオッズと乖離があるケース（人気の盲点）。一方で、能力が拮抗しているため、上位人気が凡走する可能性が低くない。いわゆる、穴をあけるチャンス。無論、的中率は低いため、結果に一喜一憂せず、不的中を恐れずに根気強く取り組む必要がある。「H-H型」ほど高い的中率は期待できないため、収束に時間が掛かるデメリットはあるが、高い回収率を期待できるメリットがある。

目安

設計回収率＝**150%±20%**

例 AJCC、福島牝馬S、新潟記念（不的中）、スプリンターズS（不的中）他

高的中ー高回収型
(H-H型)

能力の高い馬が、人気通り好走しそうなケース。オッズが付くときだけ馬券を買うのがポイント。人気馬のうち、根拠をもって評価を下げることができる馬がいるときが馬券購入のチャンス。「L-H型」ほど高い回収率は期待できないデメリットはあるが、収束しやすいメリットがある。

目安

設計回収率＝**130%±20%**

安田記念、セントライト記念、秋華賞、菊花賞、複勝チャレンジ全般（京王杯SC、金鯱賞、アーリントンC他） 例

想定回収率（期待値）

想定的中率

低(L) ／ 高(H)

低的中ー低回収型
(L-L型)

混戦で、「能力拮抗」がオッズに反映されているケース。ハンデ戦でよく出現する。特に、夏競馬は控除率突破が難しい。

目安

設計回収率＝**100%未満**

例 CBC賞、函館記念、クイーンS、小倉記念、北九州記念、京成杯AH他

高的中ー低回収型
(H-L型)

能力の高い馬が、人気通り好走しそうなケース。「H-H型」と同じようなパターンだが、馬券を買う側にはオッズはコントロールできない（オッズは民意によってのみ決まる）。オッズが付かないときは馬券を買わないのがポイント。当てる自信があろうとなかろうと、「競馬に絶対」はない。

目安

設計回収率＝**100%未満**

日経賞、鳴尾記念、セントウルS、富士S、天皇賞秋他、世代限定戦全般 例

低(L)

競馬の教科書
発想を変えるだけで回収率は上がる

2022年 参戦レース

開催月	レース	券種	的中/不的中	型
1月	京都金杯	単勝 三連単	×	L-H
	日経新春杯	単勝 三連単	×	L-H
	AJCC	単勝 三連単	○	L-H
	シルクロードS	単勝 馬連	×	L-H
2月	東京新聞杯	単勝 三連単	×	L-H
	京都記念	単勝 三連単	×	L-H
	ダイヤモンドS	単勝 馬連 三連単 馬単	×	L-H
	中山記念	単勝 馬連	×	L-H
	阪急杯	三連単	×	L-H
3月	弥生賞	複勝	○	H-H
	中山牝馬S	三連単	×	L-H
	金鯱賞	複勝	○	H-H
	スプリングS	馬単	○	H-H
	高松宮記念	馬単	×	L-H
4月	大阪杯	馬連	×	H-H
	NZT	複勝	○	H-H
	桜花賞	馬単	×	L-H
	アーリントンC	複勝	○	H-H
	皐月賞	馬単	×	L-H
	福島牝馬S	馬単	○	L-H
	マイラーズC	複勝	○	H-H
5月	天皇賞春	馬単	×	L-H
	京王杯SC	複勝	○	H-H
	ヴィクトリアM	単勝 馬連	○	H-H
	オークス	馬単	×	L-H
6月	安田記念	三連単 馬連	○	H-H
	函館SS	馬単 馬連	○	L-H
	プリンスオブウェールズS	三連単 馬単	○	L-H
	マーメイドS	複勝 ワイド	○	H-H
	青函S	単勝 複勝	○	L-H
	宝塚記念	馬単 三連単	○	H-H

開催月	レース	券種	的中/不的中	型
7月	七夕賞	馬単	×	L-H
	中京記念	馬単	×	L-H
	関越S	複勝	×	H-H
8月	関屋記念	馬単 三連単 三連複	×	L-H
	ジャックルマロワ賞	単勝	×	L-H
	札幌記念	複勝	○	H-H
	キーンランドC	単勝 馬単	○	L-H
9月	新潟記念	馬単 三連単	×	L-H
	紫苑S	複勝	○	H-H
	セントライト記念	馬単 三連単	○	H-H
	神戸新聞杯	馬単 三連単	×	L-H
10月	スプリンターズS	馬単	×	L-H
	凱旋門賞	単勝	×	L-H
	府中牝馬S	複勝	○	H-H
	秋華賞	馬単 馬連	○	H-H
	菊花賞	単勝 複勝	○	H-H
11月	アルゼンチン共和国杯	馬単	×	L-H
	エリザベス女王杯	馬単	×	L-H
	マイルCS	単勝	○	H-H
12月	ラピスラズリS	馬単 馬連	○	L-H
	中日新聞杯	馬単 馬連	○	L-H
	香港スプリント	単勝	×	L-H
	香港マイル	単勝	×	L-H
	香港カップ	単勝	×	L-H
	ターコイズS	馬単 馬連	×	L-H
	有馬記念	単勝	○	H-H

参戦率 **33.5%**　　的中率 **47.4%**

ポイントは低い参戦率と高い的中率

※予想したレースは、芝オープン競走（2歳戦除く）161R＋海外9R
170レースに対して、参戦したのはわずか57レース。

競馬の教科書
発想を変えるだけで回収率は上がる

L-H型　　穴狙いのときこそ難しい券種に挑戦する

　競馬をやっていて、こんなことを思ったことはないでしょうか？「この馬は、穴だから複勝でも6倍付く。これでも十分勝負できる」「穴だからワイドでも焼肉（寿司）に行ける」。確かに、穴馬であれば、ワイドでもそこそこの配当は期待できます。でも、それで満足でしょうか？　妥協していませんか？　もう少し踏み込んで言うと、多くの競馬ファンが「複勝で十分」「ワイドで十分」と妥協します（簡単な券種に投票が集中）。だからこそ妥協せずに、私は穴を狙いにいくときはあえて難しい単勝、馬単、三連単に挑戦します。

　他章で言及している通り、例えば三連単で大穴を1着付けに据えて的中すれば、配当が大きく跳ね上がります。期待値の低い複勝、ワイドで妥協するのは勿体ないです。逆の言い方をすれば、私が大穴を狙うときは、1着でも期待値十分のときにしか狙いません（競馬の基本は単勝／競馬は1着を当ててナンボ）。

人気馬ほど、ディフェンシブ　➡　複勝、三連複、ワイド
大穴馬ほど、オフェンシブ　➡　単勝、三連単、馬単

　多くの競馬ファンが狙いたくなるであろう券種の逆を攻めます。
　例えば、貴方は2頭の馬で悩んでいます。単勝を買うべきか？複勝を買うべきか？　以下①～④の場合を想像してください。

①単勝3倍 or 複勝3倍
②単勝5倍 or 複勝5倍
③単勝10倍 or 複勝10倍
④単勝15倍 or 複勝15倍

　状況にもよりますが、同じオッズであるならば、単勝のほうは

券種の期待値 イメージ図

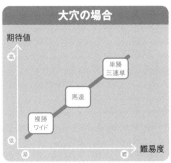

馬券購入者の心理から、難しい券種(単勝、馬単、三連単)には人気寄りの票が集まり、簡単な券種(複勝、馬連、ワイド、3連複)には穴寄りの票が集まります。その結果、「難しい券種での穴狙い」は期待値がグンと上がります。破壊力抜群なので、馬券は難しい券種で攻めるのが定石です。的中率は低下しますが、一度的中すればガッツリ回収できるので貯金できます。

るかに当てるのが簡単です。さらに、穴の複勝は、とにかく売れます。リスクの割にリターンが小さい上に、1着に来たら目も当てられません。

L-H型 単勝多点買い 高期待値で一網打尽

単勝多点買いについて、ここで説明していきたいと思います。

私が勝負するレースは、本章の冒頭でも言及した通り、年間で50レース程度です（1レース×4週×12ヶ月=48レース+α）。見送るレースも少なくなく、この程度の試行回数では期待値が収束するまでに時間がかかるという課題がありました。その課題を解決するために、高期待値の買い目を組み合わせて一網打尽にする「単勝多点買い」という方法に至りました。

2019年夏から使い始めて、まず北九州記念のダイメイプリンセス（単勝30倍）で好感触を得ました。そこから秋にかけて高配当

を立て続けに獲り、これならいけるだろうという手応えを掴みました。今では主力券種のひとつとして使っています（後に紹介する「複数1着付けフォーメーション」は、単勝多点買いの応用編）。

単勝多点買いのメリット

① 収束するのが早くなる。

② 大穴でも拾える→三連単等の他券種と違い、着目するのは1着だけ。

③ 好走するだけの馬には興味を示さなくなる→1着は特別。能力のバランスが取れていて、勝ち味に遅い馬（ステイフーリッシュ）よりも、ある特定の能力だけが飛び抜けている馬に食指が伸びる。

やはり、勝つ馬を探すのが競馬の基本です。単勝多点買いを始めてから、シンプルに「勝つのはどれか」「馬券の期待値」を考えるので、競走馬の特徴に敏感になる上に、隊列予想の精度が上がりました。

馬券の買い方に明確な答えはありませんし、人それぞれのスタイルがあるので様々な見解があると思いますが、複系（三連複、ワイド、複勝）の馬券を厚く買うとシビアな予想ができなくなる、というか甘くなってしまいます。理由は、「勝つ馬」ではく「ハマれば向けば3着に来る馬」を探すようになってしまうからです。後者のほうが高配当を期待できますし、3着ならどの馬も来る可能性があるので、極論を言えば、馬券というよりは宝くじを買っているのに近い状態です。三連複や複勝で利益を出せている方は問題ありませんが、欲が出て無闇に大穴を狙いにいくなどして、競馬を難しくしている方も多いのではないでしょうか？

よく質問をいただきますが、「どの券種をオススメするか？」と聞かれたら、私は迷いなく「単勝」と答えます。理由は、そのレー

スの馬券を買うか、買わないかの判断がしやすいからです。以下の
事例を見てみましょう。

単勝A 10.0倍（単勝15倍前後と見込んでいたので購入しない）
単勝B 20.0倍（単勝15倍前後と見込んでいたので購入する）

具体的な例を挙げると、2020年日経新春杯の馬券発売前はモズ
ベッロを本命にしようと考えていました。単勝15倍以上なら勝負
しようと考えていましたが、発売開始から5〜6倍前後で推移し、
最終オッズはなんと4.9倍でした。確かにこの馬は京都巧者です
が、いくら軽ハンデ（52.0キロ）とは言え、オープン入りすらし
ていない3勝クラスの身分で評価されすぎです。結果は勝ちました
が、この手の馬券は買わないほうが正解だと考えています。いわゆ
る「穴人気」です。同レベルの京都巧者で適正人気と考えた単勝オ
ッズ20倍以上（マスターコード）、50倍以上（プリンスオブペスカ）
の馬がいたのでそちらを狙いました。

2020年1月19日 京都11R
日経新春杯（GⅡ）芝2400m良 14頭立て

着	枠	馬番	馬名	斤量	タイム	位置取り	単勝オッズ	人気
1	4	⑥	モズベッロ	52	2.26.9	5-5-7-6	4.9	2
2	3	④	レッドレオン	54	2.27.3	3-3-5-6	8.1	5
3	5	⑧	エーティーラッセン	51	2.27.4	1-1-1-1	58.3	11
◎ 5	8	⑭	プリンスオブペスカ	54	2.27.5	8-8-3-3	55.5	10
◎ 8	3	③	マスターコード	53	2.27.9	8-8-9-8	23.2	8

単勝490円　複勝210円 280円 940円　枠連1,540円　馬連2,070円
ワイド810円 3,680円 4,580円　馬単3,680円　三連複29,380円　三連単110,680円

成功事例は本項で後ほど紹介するので、ここではあえて失敗事例
を紹介しました。Twitterではよく明言していますが、単勝で勝て
るようになれば、他の券種でも勝てるようになります（馬券の基本

は「単勝」)。

　このように、単勝は勝負するかしないかの判断がしやすいのがメリットです。自信がないときや実際のオッズが想定オッズよりも低く、期待値が低いと判断したら、馬券の購入を見送るべきです。

　一方、以下の例はどうでしょうか?

馬連　A－B　50.0倍

　馬連の予想オッズを発売前に想定できるでしょうか? 過剰人気か、適正な人気か判断できるでしょうか? さらに馬連や三連単のような券種は大抵の場合多点買いになるので、それぞれのオッズが適正かをチェックするのが極めて困難です。特に、締切直前はオッズが大きく変動するので全チェックは不可能です。

単勝多点買いが不向きなレース

　上記では、単勝多点買いのメリットについて触れました。一方、デメリットについても触れておきたいと思います。

「不向きなレース」はどういう場合か? 典型的なのが、2021年の天皇賞秋です。エフフォーリア(3.4倍)、コントレイル(2.5倍)、グランアレグリア(2.8倍)の三強でした。一方、4番人気以下は、カレンブーケドール(19.6倍)、ポタジェ(23.3倍)、ワールドプレミア(30.2倍)でした。一見すると美味しいオッズに見えますが、これをどう考えるか? このレースは、とにかく三強の能力が他の馬よりも傑出しており、勝ち馬はこの3頭の中から出る可能性が高いと考えました。Twitterでも、その点について、4番人気以下の馬から単勝多点を狙う手法は、かなり厳しいと言及しました。競馬において、1着は特別です。この3頭を押しのけて大穴をあけるのは「絶対ない」とは言いませんが、能力差が大きすぎるため、

可能性としては極めて低いと結論付けました。結果はご存知の通り三強がワンツースリー。上位人気と下位人気の能力差があまりに大きいレースは、単勝多点買いには不向きです。

　以前、「どうしても3着に来そうな馬に目移りしてしまう」という相談をいただきましたが、私は「しばらく単勝を使ってみてはどうでしょうか？」と回答しました。三連系の馬券は、どうしても高配当に目が眩んでしまいます。人気薄で3着に飛び込んできそうな馬や、ステイフーリッシュのように善戦するタイプの馬がどうしても気になってしまいます。これでは、なかなか考えがまとまりませんし、思考が発散します。その点で単勝は考え方がシンプルです。3着は運や、実力がなくても着拾いで突っ込んで来る馬がいる以上、アテになりません。私の場合は、単勝にこだわるようになってから競馬を丁寧に見るようになりましたし、予想の精度も向上しました。

2021年10月31日　東京11R
天皇賞秋（GI）芝2000m良　16頭立て

着		馬名	斤量	タイム	位置取り	単勝オッズ	人気
◎ 1	3 ⑤	エフフォーリア	56	1.57.9	6-6-6	3.4	3
◎ 2	1 ①	コントレイル	58	1.58.0	9-8-8	2.5	1
◎ 3	5 ⑨	グランアレグリア	56	1.58.1	2-2-2	2.8	2

単勝340円　複勝120円 110円 110円　枠連400円　馬連390円
ワイド170円 200円 170円　馬単850円　三連複350円　三連単2,040円

投票内容		
(1)　東京（日）11R	3組	
的中　馬連B	各10,000円	

「三強の能力が他馬に比べて傑出している」ということまではわかったが、初対戦であるため、優劣を付けなかった馬券。三連複にする選択肢もあったが、1頭の凡走に耐えられるよう、的中優先で馬連ボックスを選択。

単勝多点買い ケーススタディー❶

2021年 オーシャンS（GⅢ）

コントラチェック（1着）　単勝33.4倍

予　想　印

◎ ②アルピニズム

◎ ⑦カイザーミノル

◎ ⑧コントラチェック

◎ ⑮ダイメイフジ

コ ン ト ラ チ ェ ッ ク の 買 い 材 料

① スピード能力はメンバー中でトップクラス。メンバーを見渡すと、アルピニズムやカレンモエが1、2番人気になる程度のメンバー構成であり、オープン特別レベル。

② 中距離重賞で2勝。明らかに格上で、オマケに中山が得意。しかも、中距離ではあるが、馬なりで先行できる先行力がある。

③ 決め手は枠順。この馬が収まった青帽より外は追い込みばかり。外から絡まれると揉まれ弱いこの馬にとっては絶好枠。

④ ③に加えて、内枠に先行したい馬が集中しており、スタート直後に隊列が決まり、33秒台のハイラップは考えにくい。

⑤ ④によって、マイペースでレースを運べれば、擬似的に前半がスローで流れる「マイル」に近いレース質になる可能性が高いと考えた。

2021年3月6日　中山11R
オーシャンS（GⅢ） 芝1200m稍重

	着	馬名	斤量	タイム	位置取り	単勝オッズ	人気
◎	1	4 ⑧コントラチェック	54	1.08.4	2-2	33.4	11
	2	2 ③カレンモエ	54	1.08.4	2-2	2.4	1
	3	2 ④ビアンフェ	56	1.08.6	1-1	15.0	6
	4	3 ⑥ヒロイックアゲン	54	1.08.7	5-6	65.5	14
◎	5	4 ⑦カイザーミノル	56	1.08.7	4-4	13.7	3
◎	6	8 ⑮ダイメイフジ	56	1.08.8	5-4	22.4	8
	7	5 ⑩ヴェスターヴァルト	56	1.08.8	7-7	28.7	10
	8	8 ⑯ラヴィングアンサー	56	1.08.9	12-10	15.0	5
	9	6 ⑪アストラエンブレム	56	1.09.0	11-10	25.3	9
	10	3 ⑤アンヴァル	54	1.09.0	7-10	40.1	13
	11	7 ⑭アイラブテーラー	54	1.09.0	16-13	22.4	7
	12	7 ⑬アウィルアウェイ	54	1.09.0	14-13	13.8	4
◎	13	1 ②アルピニズム	56	1.09.0	7-7	3.4	2
	14	6 ⑫キングハート	56	1.09.2	10-9	168.7	15
	15	5 ⑨エイティーンガール	54	1.09.3	13-13	36.1	12
	16	1 ①ナリタスターワン	56	1.11.8	14-16	406.5	16

単勝3,340円　複勝530円 120円 420円　枠連1,360円　馬連4,550円
ワイド1,720円 6,820円 880円　馬単16,050円　三連複18,650円　三連単168,680円

	投票内容			
(1)	中山（土）11R 単勝	07	10,000円	▶
(2) 的中	中山（土）11R 単勝	08	10,000円	▶
(3)	中山（土）11R 単勝	02	8,000円	▶
(4)	中山（土）11R 単勝	15	8,000円	▶
(5)	中山（土）11R 馬連B	6組	各2,000円	▶

単勝多点買い ケーススタディー❷

2020年 クイーンS（GⅢ）

レッドアネモス（1着）　単勝43.7倍

予 想 印

◎ ①レッドアネモス

◎ ⑫オールフォーラヴ

◎ ⑭シャドウディーヴァ

レ ッ ド ア ネ モ ス の 買 い 材 料

① 前走、前々走は外枠から強引に先行し、スタート直後で脚を使わされる厳しい競馬。今回は1枠1番の絶好枠。

② ダイワキャグニー同様、ムラがあるタイプ。近走の惨敗で人気急落。

③ 京都競馬場でモズベッロ（日経新春杯勝ち。京都得意）に勝っている。弱い馬では絶対にできない。

④ 1番人気スカーレットカラーは追い込み脚質。騎手の注意は後方に行き、前のマークは手薄に。しかも、追い込みは不利を受ける可能性が相対的に高い。

2020年8月2日　札幌11R
クイーンS（GⅢ）芝1800m良

着		馬名	斤量	タイム	位置取り	単勝オッズ	人気
◎ 1	**1** ①レッドアネモス		55	1.45.9	7-7-7-8	43.7	11
2	**6** ⑨ビーチサンバ		55	1.46.0	11-10-10-11	6.6	4
3	**2** ②スカーレットカラー		56	1.46.0	13-13-13-11	3.3	1
◎ 4	**8** ⑭シャドウディーヴァ		55	1.46.1	11-12-12-8	32.7	9
5	**4** ⑥カリビアンゴールド		55	1.46.1	5-5-6-4	16.2	5
6	**5** ⑧フェアリーポルカ		56	1.46.1	8-7-7-6	3.6	2
7	**6** ⑩リーブフラウミルヒ		55	1.46.2	10-10-10-11	16.8	6
8	**3** ③ナルハヤ		55	1.46.3	1-1-1-1	37.1	10
9	**8** ⑬サムシングジャスト		55	1.46.3	13-13-13-14	17.6	7
10	**5** ⑦コントラチェック		55	1.46.6	5-2-3-2	5.3	3
11	**4** ⑤アロハリリー		55	1.46.6	4-5-4-4	48.2	13
◎ 12	**7** ⑫オールフォーラヴ		55	1.46.6	8-7-7-8	44.5	12
13	**3** ④タガノアスワド		55	1.47.8	2-2-2-2	31.9	8
14	**7** ⑪モルフェオルフェ		55	1.47.9	3-4-4-6	84.5	14

単勝4,370円　複勝740円 200円 150円　枠連10,000円　馬連13,870円
ワイド3,040円 1,730円 400円　馬単35,290円　三連複12,270円　三連単153,700円

投票内容

(1) 札幌（日）11R　01
的中 単勝　8,000円

(2) 札幌（日）11R　12
単勝　8,000円

(3) 札幌（日）11R　14
単勝　8,000円

(4) 札幌（日）11R　3組
馬連B　各2,000円

(5) 札幌（日）11R　02－3頭
馬連ながし　各500円

(6) 札幌（日）11R　08－3頭
馬連ながし　各500円

(7) 札幌（日）11R　06－5頭－5頭
3連複軸1頭ながし　各200円

単勝多点買い ケーススタディー③

2019年 京都大賞典（GⅡ）

ドレッドノータス（1着） 単勝90.7倍

予 想 印

◎ ⑦ドレッドノータス

◎ ⑨エアウィンザー

◎ ⑩ウラヌスチャーム

◎ ⑮レノヴァール

ドレッドノータスの買い材料

1 別定戦だがGⅠ級の馬不在でメンバーが低調である。

2 アンドロメダS（京都OP）で快勝している（得意条件）。

3 前走札幌2600m（OP）を先行して凡走している（苦しい経験）。

4 開幕週で極端な内枠有利、前残り高速馬場である。

5 先行力があり、内枠スタートで好位が取れそう。人気馬2頭が外枠、追込みと不安要素を抱えている。

2019年10月6日　京都11R
京都大賞典（GⅡ）芝2400m良

	着	馬名	斤量	タイム	位置取り	単勝オッズ	人気
◎	1	4 ⑦ドレッドノータス	56	2.23.5	3-3-3-3	90.7	11
	2	7 ⑭ダンビュライト	57	2.23.7	1-1-1-1	17.4	6
	3	3 ⑥シルヴァンシャー	56	2.23.8	10-11-10-7	14.3	5
	4	1 ①ノーブルマーズ	56	2.24.0	7-5-8-7	8.6	4
	5	2 ④エタリオウ	56	2.24.1	15-15-16-16	5.3	2
	6	8 ⑯グローリーヴェイズ	57	2.24.3	3-3-5-6	2.0	1
◎	7	5 ⑩ウラヌスチャーム	54	2.24.3	14-13-12-11	20.4	7
	8	7 ⑬メートルダール	56	2.24.5	8-8-3-3	153.5	14
	9	2 ③クリンチャー	56	2.24.6	8-8-6-3	41.6	8
	10	4 ⑧バリンジェネシス	56	2.24.7	10-12-15-11	44.9	10
	11	3 ⑤チェスナットコート	56	2.24.7	10-10-12-11	201.1	15
◎	12	5 ⑨エアウィンザー	56	2.25.3	5-5-8-10	6.1	3
	13	6 ⑫リッジマン	57	2.25.4	13-13-12-11	288.0	16
◎	14	8 ⑮レノヴァール	56	2.25.4	2-2-2-2	101.7	12
	15	6 ⑪アドマイヤジャスタ	53	2.25.6	5-5-6-7	44.1	9
	16	1 ②アルバート	56	2.26.3	16-16-10-15	149.2	13
	中	8 ⑰ウインテンダネス	56			345.6	17

単勝9,070円　複勝1,770円 500円 450円　枠連13,280円　馬連53,720円
ワイド11,850円 13,880円 2,730円　馬単118,010円　三連複234,720円　三連単1,811,410円

投票内容			
(1) 的中	京都（日）11R	07	
	単勝	8,000円	❯
(2)	京都（日）11R	09	
	単勝	8,000円	❯
(3)	京都（日）11R	10	
	単勝	8,000円	❯
(4)	京都（日）11R	15	
	単勝	8,000円	❯

H-H型　　　複勝チャレンジ ディフェンシブ馬券

　単勝は攻撃的、オフェンシブな馬券です。私が勝負する馬券の多くは単勝や馬単、三連単の1着付け馬券です。その一方で、単勝を買わないレースについては見送ることが多く、せっかく時間を掛けて検討したのに、機会損失が多いのが課題でした。そこで、ディフェンシブな券種である複勝も、頻度は少ないものの積極的に使うように発想を切り替えました。

　複勝チャレンジは、2019年3月、阪神大賞典の◎シャケトラから本格的に取り組み、始めた当初は手探り状態だったこともあり、年に数回でした。その後、勝負する回数を増やしてきましたが、ミスすれば挽回するのが大変な券種であるため、慎重にいかなければなりません。オッズとのバランスを見て、不安要素がなければ勝負するようにしています。まだまだ勝負できるレースが少ないのが課題であり、もっと勝負したいと思う気持ちと、失敗できないと思う気持ち両方があるので、ジレンマを抱えています。

　「複勝チャレンジ」の見極め基準は、以下の通りです。

➡1.2倍以上（過小評価）

➡能力傑出（場違い）

➡気性が安定

➡トラックバイアス、展開有利

➡コーナリング、加速力問題なし

➡コース適性あり

➡スローペース濃厚（ガス欠リスクなし）

➡スプリントは、ちょっとのミスや不利が致命傷なので、対象外

※京王杯SC（東京1400m）の◎メイケイエールは、東京コースでまぎれが生じにくい点、複勝オッズ1.6倍だった点を考慮して、

距離が短いリスクを例外的に許容した。1倍台前半ならば、見送るべき案件。

複勝チャレンジの成績 （2022年12月末時点）

日付	レース	馬名	着順	複勝	投資金額	払戻し	収支
2019/3/17	阪神大賞典	シャケトラ	1	1.4倍	30,000	42,000	+12,000
2020/5/10	NHKマイルC	レシステンシア	2	1.8倍	10,000	18,000	+8,000
2020/10/18	秋華賞	デアリングタクト	1	1.1倍	40,000	44,000	+4,000
2021/2/20	ダイヤモンドS	オーソリティ	1	1.4倍	50,000	70,000	+20,000
2021/3/7	大阪城S	ヒンドゥタイムズ	1	1.5倍	30,000	45,000	+15,000
2021/3/27	日経賞	ワールドプレミア	3	1.6倍	10,000	16,000	+6,000
2021/9/11	紫苑S	ファインルージュ	1	2.0倍	10,000	20,000	+10,000
2021/10/9	サウジアラビアRC	ステルナティーア	2	1.2倍	10,000	12,000	+2,000
2021/10/23	富士S	ソングライン	1	1.8倍	10,000	18,000	+8,000
2022/3/7	弥生賞	ドウデュース	2	1.2倍	30,000	36,000	+6,000
2022/3/13	金鯱賞	ジャックドール	1	1.3倍	20,000	26,000	+6,000
2022/4/9	NZT	マテンロウオリオン	2	1.2倍	20,000	24,000	+4,000
2022/4/16	アーリントンC	ダノンスコーピオン	1	1.5倍	20,000	30,000	+10,000
2022/4/24	マイラーズC	ホウオウアマゾン	2	1.8倍	20,000	36,000	+16,000
2022/5/14	京王杯SC	メイケイエール	1	1.6倍	30,000	48,000	+18,000
2022/5/21	平安S	テーオーケインズ	1	1.2倍	10,000	12,000	+2,000
2022/7/30	関越S	グレートマジシャン	中止	—	20,000	0	-20,000
2022/8/21	札幌記念	ジャックドール	1	1.8倍	20,000	36,000	+16,000
2022/9/11	紫苑S	スタニングローズ	1	1.2倍	20,000	24,000	+4,000
2022/10/15	府中牝馬S	ソダシ	2	1.4倍	20,000	28,000	+8,000
2022/10/23	菊花賞	アスクビクターモア	1	1.6倍	25,000	40,000	+15,000
				合計	455,000	625,000	+170,000

回収率137%

L-H型 & H-H型
軸の概念を捨てる　複数1着付けフォーメーション

　馬券を購入する際に「軸1頭ながし」や「ボックス」を使う方も多いと思います。しかし、軸を1頭に絞る必要性って、果たして本当にあるのでしょうか？　1着付けに据える馬は複数いても良いのでは？　また、圏内に来そうな馬で三連複ボックスを組む馬の中に1着付けにしなくても良い馬が紛れているのではないでしょうか？馬単や三連単の「フォーメーション」を使えば、不要な買い目を減らすことができます。本項では、私が提唱した「単勝多点買い」の応用編である「複数1着付けフォーメーション」について言及していきたいと思います。競馬で常識とされている馬券の買い方にこだわる必要はありません。買い方にこだわりすぎると、「馬券を買うことが目的化」しがちです。馬券を買う目的は、その馬券で利益を上げること。それが競馬の原点ではないでしょうか？　この券種の狙いは、点数を増やすことによって収束を早める（運の入り込む余地を徹底的に排除する）ことです。

　複数1着付けフォーメーションのポイントは、以下の通りです。

週中予想

➡ 1着の可能性がある馬を「1着候補」としてリストアップします（5章で解説した「番付」を週中にイメージしておきましょう）。

➡ 人気がなさそうな馬であっても（ムラ馬）、その馬の「最大出力」を出し切った場合に1着の可能性があれば拾っておくのがポイントです。

➡ 能力が高くても、「コーナリング」「加速力」等に問題を抱えている馬は、2着候補までとします。

※ただし、外差しが決まりそうなトラックバイアスなら、この限りではありません（番付
をイメージしつつ、「適性」を考慮に入れる）。

➡ 能力的に、圏内に食い込むことが難しいだろうと考える馬を「消し」評価とします（番付下位）。

※ここでは、人気をとりあえず無視します。第3章の「予想と馬券は切り離せ！」で
言及しましたが、予想はオーソドックスにやるべきで、ここに「穴だから……」の判断
を入れてしまうと見当違いな予想になってしまうリスクが生じます。恣意的な判断は入
れずに、シンプルに「1着があるか？」「2着以下なのか？」「どう考えても圏外なのか？」
だけを考えるのが予想です。ここで極端に絞り込みすぎると、週末に臨機の対応がで
きなくなってしまいます。週中は粗く広めに印を打ちましょう。

最終予想　馬券検討（週末）

➡ トラックバイアス、オッズを考慮して、週中予想で印を入れた馬を再検討します。

※例えば、外が有利なトラックバイアスならば、逃げ馬は2着以下に印を降格させます。

➡ オッズを確認して、極端に人気がない馬、逆に極端に人気を背負う馬は印を見直します（印の上げ下げ）。

　それでは、実際に「複数1着付けフォーメーション」で的中した
例を解説していきましょう。

　ポイントは、◎ガイアフォース（5.1倍）、◎ローシャムパーク（4.9倍）。アスクビクターモア（2.6倍）よりも上位の印を打ったのは、前走で条件戦ながらも圧勝。春クラシックで準主役級の活躍をしたアスクビクターモアよりも強い可能性がありました。アスクビクターモアが1着を獲り切る可能性と、◎2頭が1着を獲る可能性を天秤にかけ、後者のほうが、期待値が高いと判断しました。

◎ 1、2着候補（Aランク）
　　①ローシャムパーク、⑨ガイアフォース
○ 1、2着候補（Bランク）
　　⑦アスクビクターモア、⑧ショウナンマグマ（一発穴馬）
△ 2着候補
　　④ラーグルフ、⑥オニャンコポン
× 3着候補
　　⑬ボーンディスウェイ

❶馬　単　◎○→◎○△ 20点
❷馬　単　◎→◎○△　10点（※一発穴馬:ショウナンマグマ除く）
❸馬　単　◎○→◎○　6点
❹三連単　◎○→◎○△→◎○△× 100点
❺三連単　◎→◎○△→◎○△　40点
❻三連単　◎→◎○→◎○　24点

2022年9月19日 中山11R
セントライト記念（GⅡ） 芝2200m稍重

	着		馬名	斤量	タイム	位置取り	単勝オッズ	人気
◎	1	6 ⑨	ガイアフォース	56	2.11.8	6-6-5-4	5.1	3
○	2	5 ⑦	アスクビクターモア	56	2.11.8	3-3-3-2	2.6	1
◎	3	1 ①	ローシャムパーク	56	2.12.3	7-7-7-7	4.9	2
	4	4 ⑤	セイウンハーデス	56	2.12.7	2-2-2-2	27.6	7
△	5	4 ④	ラーグルフ	56	2.12.8	9-8-8-8	14.2	6
×	6	8 ⑬	ボーンディスウェイ	56	2.13.1	10-10-11-11	46.9	10
△	7	5 ⑥	オニャンコポン	56	2.13.2	5-5-5-5	6.3	4
	8	7 ⑪	キングズパレス	56	2.13.2	12-12-9-8	10.1	5
○	9	6 ⑧	ショウナンマグマ	56	2.13.3	1-1-1-1	35.4	9
	10	7 ⑩	ベジャール	56	2.13.8	8-8-9-8	68.5	12
	11	8 ⑫	サイモンバロン	56	2.13.9	13-13-13-12	138.7	13
	12	2 ②	ロンギングエーオ	56	2.14.0	10-10-11-12	63.1	11
	13	3 ③	マテンロウスカイ	56	2.14.1	3-3-3-5	29.2	8

単勝510円 複勝170円 120円 160円 枠連470円 馬連730円
ワイド320円 600円 320円 馬単1,530円 三連複1,460円 三連単7,250円

投票内容			
(1) 的中	中山（月）11R 馬単フォーメーション	20組 各1,000円	❯
(2) 的中	中山（月）11R 馬単フォーメーション	10組 各1,500円	❯
(3) 的中	中山（月）11R 馬単フォーメーション	6組 各2,000円	❯
(4) 的中	中山（月）11R 3連単フォーメーション	100組 各100円	❯
(5) 的中	中山（月）11R 3連単フォーメーション	40組 各200円	❯
(6) 的中	中山（月）11R 3連単フォーメーション	24組 各200円	❯
購入金額		69,800円	

払い戻し
10万
5100円

複数 1着付 の事例❷	**2022年 福島牝馬S**	
	馬単フォーメーション	難易度 ★ ★ ☆

ポイントは、上位人気であるシャーレイポピー、ルビーカサブランカがそれほど強くないと判断した点です。能力は認めつつ、2着候補Bランクで拾いましたが、消しても良いくらいの評価でした（あわよくば、圏外に飛べば、高配当）。

◎ **1、2着候補（Aランク）**
　④アナザーリリック、⑥スライリー、⑫アブレイズ
▲ **1、2着候補（Bランク）**
　⑧サトノダムゼル
△ **2着候補（Aランク）**
　②クリノプレミアム
× **2着候補（Bランク）**
　①シャーレイポピー、⑮ルビーカサブランカ

❶馬　単　◎▲→◎▲△× 24点
❷馬　単　◎▲→◎▲△　16点
❸馬　単　◎→◎▲△　12点
❹馬　単　◎→◎　6点

2022年4月23日　福島11R
福島牝馬S（GⅢ）芝1800m良

	着	馬名	斤量	タイム	位置取り	単勝オッズ	人気
◎	1	2 ④アナザーリリック	54	1.47.0	15-15-14-9	6.9	3
△	2	1 ②クリノプレミアム	54	1.47.0	5-5-5-3	10.4	6
▲	3	4 ⑧サトノダムゼル	54	1.47.1	8-9-10-9	8.2	5
	4	5 ⑨シンハリング	54	1.47.2	5-5-6-5	49.3	13
×	5	8 ⑮ルビーカサブランカ	54	1.47.2	16-16-16-14	5.6	2
	6	6 ⑪ホウオウエミーズ	54	1.47.3	13-13-12-12	11.0	8
◎	7	3 ⑥スライリー	54	1.47.4	12-11-10-8	10.9	7
	8	2 ③フェアリーポルカ	55	1.47.7	13-14-14-14	16.5	9
◎	9	6 ⑫アブレイズ	54	1.47.7	10-9-8-5	5.5	1
×	10	1 ①シャーレイポピー	54	1.47.9	8-7-9-9	7.2	4
	11	7 ⑬エヴァーガーデン	54	1.48.1	7-7-6-5	45.4	12
	12	3 ⑤ジュランビル	54	1.48.1	10-11-12-14	55.0	14
	13	5 ⑩サンクテュエール	54	1.48.1	3-3-3-3	29.5	11
	14	4 ⑦ハギノリュクス	54	1.48.1	3-3-2-2	70.3	15
	15	8 ⑯キタイ	54	1.49.1	1-1-1-1	123.0	16
	16	7 ⑭ロザムール	54	1.51.4	2-2-3-12	28.9	10

単勝690円　複勝270円 360円 280円　枠連1,150円　馬連3,560円
ワイド1,410円 1,490円 2,020円　馬連6,940円　三連複13,390円　三連単71,050円

投票内容		
(1) 福島（土）11R	24組	
的中 馬単フォーメーション	各1,000円	
(2) 福島（土）11R	16組	
的中 馬単フォーメーション	各1,400円	
(3) 福島（土）11R	12組	
的中 馬単フォーメーション	各1,400円	
(4) 福島（土）11R	6組	
馬単フォーメーション	各1,200円	
購入金額	70,400円	

払い戻し
26万3720円

複数1着付の事例❸ **2022年 AJCC** 〈 三連単フォーメーション 〉 難易度 ★ ★ ★

　ポイントは、能力が拮抗しているにもかかわらず、人気が大きく割れていたことです。◎マイネルファンロンは、新潟記念1着のときは、外差し有利のトラックバイアスで差し切り勝ちを収めており、函館記念でも2着に好走していました。さらに、この日の中山は外差し有利のトラックバイアスであり、能力を出し切れば再度好走できる条件でした。また、絶対視されていたオーソクレースは、菊花賞でタイトルホルダーから大きく水をあけられての2着であり、ディバインラヴをゴール前でギリギリかわす内容だったため、言われているほど強くないと判断しました。

　結果は、▲キングオブコージ→◎マイネルファンロン→◎ボッケリーニ。別定GⅡで複数回好走できるレベルの馬がワンツースリーを決めましたが、三連単7,000倍を超える高配当でした。

マイネルファンロン 推奨理由

①重賞勝ち実績あり（新潟記念）、好走実績あり（函館記念）
②新潟記念でもピンク帽（AJCCも同様）
③右回りでも好走歴あり
④ムラがありすぎて、馬券購入者から敬遠される傾向あり

　単勝87.9倍なら、迷う余地なし。この馬に◎を打つのはスンナリ決めました。

◎ **1、2、3着候補（Aランク）**
　⑨ボッケリーニ、⑭マイネルファンロン
▲ **1、2、3着候補（Bランク）**
　①キングオブコージ、⑥ポタジェ

△ 2、3着候補

　⑪オーソクレース、⑬スマイル

× 3着候補（Aランク）

　⑦ダンビュライト

☆ 3着候補（Bランク）

　⑧アンティシペイト、⑩ラストドラフト

❸馬　単　⑨ボッケリーニ→◎▲⑬　4点

❹馬　単　⑭マイネルファンロン→◎▲⑬　4点

※⑪オーソクレースは△の中でワンランク下げて、「来たら事故」と判断しました。

❺三連単　◎▲→◎▲△→◎▲△×☆　140点

❻三連単　◎▲→◎▲△→◎▲△×　100点

2022年1月23日　中山11R
AJCC（GⅡ）芝2200m良

	着		馬名	斤量	タイム	位置取り	単勝オッズ	人気
▲	1	1 ①キングオブコージ		56	2.12.7	13-13-12-8	7.8	3
◎	2	8 ⑭マイネルファンロン		56	2.12.9	12-12-11-6	87.9	11
◎	3	6 ⑨ボッケリーニ		56	2.13.0	4-4-7-8	10.4	4
	4	2 ②アサマノイタズラ		56	2.13.0	14-14-14-11	18.8	7
▲	5	4 ⑥ポタジェ		56	2.13.1	6-7-10-8	3.6	2
△	6	7 ⑪オーソクレース		55	2.13.1	6-6-3-2	2.0	1
	7	3 ④クレッシェンドラヴ		56	2.13.3	4-4-3-4	138.8	12
△	8	8 ⑬スマイル		56	2.13.3	8-8-3-2	27.1	8
	9	4 ⑤エヒト		56	2.13.4	8-8-7-11	43.4	9
☆	10	6 ⑩ラストドラフト		56	2.13.6	8-8-7-6	15.9	5
☆	11	5 ⑧アンティシペイト		56	2.13.7	8-11-12-13	17.7	6
×	12	5 ⑦ダンビュライト		56	2.13.7	2-2-1-1	64.9	10
	13	7 ⑫ソッサスブレイ		56	2.15.1	3-3-2-4	297.7	14
	14	3 ③キャッスルトップ		57	2.18.9	1-1-3-14	190.5	13

単勝780円 複勝350円 1,880円 410円　枠連5,880円　馬連34,330円
ワイド7,310円 1,330円 10,970円　馬単60,920円　三連複87,240円　三連単720,760円

AJCC　印・フォーメーションの狙い

　このレースは、いつも以上に複雑な印とフォーメーションになりました。いつもと同じように、「能力比較」「トラックバイアス」の分析をして日曜日を迎えましたが、トラックバイアスとオッズを見て「これは……」と思いました。この日は私の能力評価とオッズに大きな乖離がある千載一遇のチャンスが訪れたため、いつも以上に悩み抜いて印を打ち、三連単のフォーメーションを組みました。印とフォーメーションの意図は、以下の通りです。

「AJCCは徹底的に『L-H型』で攻める。外しても良い」

◎ ⑭マイネルファンロン
➡重賞勝ちや好走が複数回あり、今回のメンバーでも能力上位。さらに、新潟記念を勝ったときと同じ外差しのトラックバイアス。単勝87.9倍は、どう考えても妙味がありました。「この馬にブチ込んで外しても、悔いなし」。強い覚悟を持って、この馬にブチ込もうと判断しました。

◎ ⑨ボッケリーニ
➡マイネルファンロンほどではありませんでしたが、重賞勝ちを含め、重賞級の強いメンバー相手に好走を連発しており、断然人気のオーソクレースに引けを取らないと判断しました。

▲ ①キングオブコージ
➡約半年前の目黒記念を快勝しており、マイネルファンロンやボッケリーニと同様に、断然人気のオーソクレースに引けを取らないと判断しました。◎に比べて妙味が少ないため、やや引き気味の▲評価としました。

投票内容			
(1)	中山（日）11R 単勝	09 5,000円	◯
(2)	中山（日）11R 単勝	14 5,000円	◯
(3)	中山（日）11R 馬単1着ながし	09→4頭 各2,000円	◯
(4)	中山（日）11R 馬単1着ながし	14→4頭 各2,000円	◯
(5)	中山（日）11R 的中 3連単フォーメーション	100組 各300円	◯
(6)	中山（日）11R 的中 3連単フォーメーション	140組 各100円	◯
購入金額			70,000円

払い戻し
**288万
3040円**

金額入力	取消
競馬場名	中山(日) >
レース	11R >
式別	3連単 >
方式	フォーメーション >
1着	1 6 9 14 >
2着	1 6 9 11 13 14 >
3着	1 6 7 9 11 13 14 >
	組数 100

金額入力	取消
競馬場名	中山(日) >
レース	11R >
式別	3連単 >
方式	フォーメーション >
1着	1 6 9 14 >
2着	1 6 9 11 13 14 >
3着	1 6 7 8 9 10 11 13 14 >
	組数 140

▲ ⑥ポタジェ

➡▲キングオブコージと同様の評価。

△ ⑪オーソクレース

➡菊花賞2着で、世論の評価は「この馬の圏内は間違いない」でしたが、私はそう考えませんでした。菊花賞2着は、勝ったタイトルホルダーに大きく差を開けられ、3着ディバインラヴをギリギリ差す内容であり、このレースで背負っている人気ほど高い評価は不要と考えました。さらに、この馬の場合は、「コーナリング」「加速力」にやや難があり、2、3着候補で十分。勝たれてしまったら、仕方ないと判断しました。

△×☆ 上記以外

➡妙味を考慮して、印を打ちました。

　このフォーメーションの設計思想は、「◎▲がワンツーを取れば、配当が大きく跳ね上がる」でした。△オーソクレースは「強いには強いが、単勝2.0倍ほどではない」。コーナリングと加速力に難があるリスクが顕在化して圏外に飛べば、高配当を獲れると考えました。

高回収率を実現するための王道

　第11章では、長期的な視野で高回収を実現するために必要なことは何か？について書きました。馬券で大事なことは、堅い決着になる可能性が高いのか？ あるいは、能力差よりもオッズの乖離が大きく、荒れる決着になる可能性が高いのか？を見極めることです。
　堅く収まると判断した場合には、冒頭で示したマトリックス「H－H型」を高い的中率で仕留める必要があります。事例①で

示したセントライト記念のような馬券が、正にそうです。一方で、事例③で示したAJCCのような馬券は、ミスしても良いから徹底的に高配当を狙いにいくべきと常々考えています。本章の「券種の期待値 イメージ図」でも示しましたが「大穴でこそ、ブチ込め」は、精神論ではありません。穴であればあるほど、難しい券種に挑戦してこそ期待値が高くなります。仮に、この時に私が「外すのが怖いから」とワイドに逃げていたら、同じレートでワイド1点だと▲キングオブコージ–◎マイネルファンロンで帯にすら手が届いていなかったのが現実です。

　これは持論ですが、馬券は「H-H型」を精度良く見抜いて着実に利益を上げていき、長期の目線で「L-H型」を獲って大きな貯金を作るのが王道と思っています。「本命党」？　「穴党」？　そうではなく、私は「期待値党」です。

あとがき

私が個人出版で旧版の『競馬の教科書（初版）』を2020年に出版してから、約3年が経ちました。『競馬の教科書』を世に送り出した動機は、「頑張って予想しているけど、なかなか競馬で勝てない」もどかしく悶々とした想いを抱いている方々に向けて、私なりの勝ち方を示すことでした。

「まえがき」でも言及した通り、これは私が試行錯誤した末に辿り着いた方法です。例えば、プロが「前走から馬体が一変した」とコメントをしているのを見聞きして「どれどれ？」と診ようとしても、悔しいですが、私には前走と比較をしても、違いがどうしてもわかりませんでした。馬体やパドック、追い切りの勉強をして突き詰めれば「より良い予想ができるかも」と思いましたが、一方で、アマチュアの身分で時間に限りのある私には「そこまでやるのは、消化不良に陥って絶対無理」と察しがつきました。そこで、辿り着いた結論が、「プロと同じは無理。私がやれることを徹底的にやって、結果を求めよう」でした。

2023年春には「トラッキングシステム」が導入される等、競馬はどんどん進化していきます。進化しているツールを上手く使っていけば、さらに予想の生産性を向上できると思っています。それを各人が考えて、独自のスタイルを確立して、必勝ルーティンを模索していくのが競馬の醍醐味です。かく言う私も現状に満足せずに、「限られた時間をいかに使って予想するか？」読者の皆様と一枚岩になって、より生産性の高い予想ルーティンを確立していきたいと

思っています。

　本書をお読みいただいた読者様のために、公式Twitter（玉嶋亮『競馬の教科書』@keiba_tamashima）では、本書をベースに芝オープンクラスの週中予想や、毎週のレースでポイントになるコンテンツ、「この場合は、こう考える」ケーススタディ等を全て無料で配信しておりますので、そちらも併せてご覧いただけると幸いです。

謝　辞

本書の執筆にあたり、20年以上に亘り競馬予想のプロとして活動している平出心氏（予想屋マスター）からは、その内容について相談に乗っていただき、プロの目線で、読者様の理解度・満足度をより高めるためのアドバイスをいただきました。また、旧作の読者である皆様からは、これまでに沢山の疑問や質問をお寄せいただき、本書をより良くするための題材や気付きをいただきました。感謝申し上げます。

2023年1月　玉嶋亮

玉嶋亮 （たましま・りょう）

1985年生まれ。本業を抱え時間の制約があるため、芝オープンクラスのみにフィールドを限定している。「能力比較」「馬場読み」を中核のファクターとして、パドックや追い切り等は一切見ないスタイル。2021年凱旋門賞の単勝万馬券、2022年AJCCの三連単288万円等の的中実績がある。「単勝多点」「変則フォーメーション」「複勝チャレンジ」等多彩な馬券術に定評があり、設計回収率＝130％を公言し、累計回収率＝148％を記録している。旧作「競馬の教科書（ピンク本）」は、個人出版ながら異例の大ヒットを記録し、2022年11月にベストセラーの座を譲らないまま絶版した。アマチュア最強の予想屋、日本一の競馬作家になるのが目標。

公式Twitter　玉嶋亮『競馬の教科書』　@keiba_tamashima

競馬の教科書
発想を変えるだけで回収率は上がる

2023年2月27日初版第一刷発行
2024年4月3日初版第二刷発行

著　　　者	玉嶋亮	
発　行　者	柿原正紀	
装　　　丁	oo-parts design	
発　行　所	オーパーツ・パブリッシング	
	〒235-0036　神奈川県横浜市磯子区中原2-21-22 グレイス杉田303号	
	電話：045-513-5891　URL：https://oo-parts.jp	
発　売　元	サンクチュアリ出版	
	〒113-0023　東京都文京区向丘2-14-9	
	電話：03-5834-2507　FAX：03-5834-2508	
印 刷・製 本	中央精版印刷株式会社	

玉嶋亮
公式Twitter

@keiba_tamashima

▶芝重賞に特化した『週中予想』配信や、『競馬の教科書』に準拠した予想理論の配信。

玉嶋亮『競馬の教科書』
@keiba_tamashima　フォローされています

設計回収率＝130％／累計回収率＝146％／中山金杯◎ラーグルフ単勝🎯／京都金杯◎イルーシヴパンサー複勝🎯／有馬記念◎イクイノックス単勝🎯／中日新聞杯◎マテンロウレオ馬連🎯／マイルCS◎セリフォス単勝🎯／菊花賞◎アスクビクターモア単複🎯／AJCC三連単288万🎯

玉嶋亮
連載コラム

https://www.keibariron.com/

▶予想屋マスターの無料メルマガにて、『1回／週』のコラムを定期配信しております。①週末の重賞『週中予想』『番付』、②回収率を上げる『高回収 馬券戦略』コラム等、予想に役立つ無料コンテンツです。『資金管理Excel』等の役立つツールも、不定期で無料配信しております。

こちらの
QRコードからも
アクセスできます

例 2022年有馬記念のコラム。予想屋マスターと玉嶋が、今週の重賞で率直な意見をぶつけ合う『プロアマ対談』。有馬記念のポイントは「穴を狙うにしても、ヒモまで」。軸の精度にこだわり、軸候補はあくまでも番付上位の馬。無闇やたらと穴をあけにいく馬券は組まない。

玉嶋亮

年末の大一番です。「ここで一発大穴をあけて、大逆転」を狙っている方も多いと思います。ということで、今回の対談をやりたいと思います。

まずは、今回のメンバー構成から見ていきたいと思います。イクイノックス、ヴェラアズール、エフフォーリア、タイトルホルダー。。。

ここで敢えて穴いきます？

マスター

今週の対談は、これで終わりだね。

玉嶋亮

ちょっと待ってください笑。マスターの見解も教えてください。読者の方々は、それを楽しみにしているので。

マスター

まずね、**現役最強クラスの馬が何頭かいる中で、そう簡単に穴はあかない**よ。競馬に絶対はないんだけど、玉嶋さんの言う通り、敢えてここで穴を狙いにいく必要がないじゃん。ヒモとして抑えるくらいなら、まあ分かるけど。

何かお困りですか？

亀谷競馬サロン①
永久馬券格言

亀谷敬正／監修
定価1760円(本体1600円+税10%)　好評発売中

紙の本 ｜ 電子書籍

競馬というゲームを攻略するために
必ず覚えておくべき38の格言

20年以上、競馬予想界の第一線で活躍し続ける著者は、これまで
数々の馬券格言を生み出してきました。それらの多くは競馬の本質
を突いており、いまだに有効利用できています。本書では、亀谷理
論の核となるものからピンポイントなものまで、この先もずっと使える
「馬券格言」だけを厳選して紹介します。

競馬の名作デジタル復刻版①
崖っぷちジョッキー
負けてたまるか!

谷中公一／著
定価770円(本体700円+税10%)　好評発売中

電子書籍

本物の騎手が"騎手の世界の真実"を
ありのままに描いた名作が復刻!!

2003年に発売された原本は、それまで語られることのなかったリー
ディング下位ジョッキーの非情な現実を知らしめ、競馬ファンの間で
話題となりました。その衝撃は17年以上経った今でも色褪せません。

亀谷敬正の
競馬血統辞典

亀谷敬正／著
定価1980円(本体1800円+税10%)　好評発売中

紙の本 ｜ 電子書籍

鋭く的確な分析によって発見した
"血統のポイント"を一挙公開!!

血統は能力のデータベースです。種牡馬から産駒に受け継がれる
特徴は様々ではありますが、血統構成、環境、過去の傾向などを分
析することによって読み切ることが可能です。そして、これらの特徴
をいち早くつかめば、先行者利益を得ることができます。極端に言
えば、1頭の種牡馬を覚えるだけでも競馬は勝てるのです。

降格ローテ
激走の9割は"順当"である

とうけいば／著
定価1980円（本体1800円＋税10%）　好評発売中

紙の本　電子書籍

前走を見るだけ!!
7つのパターンで隠れた格上馬を見抜く

多くのファンが気づいていない「相手弱化のローテーション」を見抜くのが「降格ローテ」です。「降格ローテ」を知れば、「激走」の大半は「相手が弱くなった結果の好走」ことが分かります。降格ローテの主要パターンは7つ。全て「前走」を見るだけでチェック可能なので、競馬予想に時間を割けない方にもご活用いただけます。

マンガでわかる
勝つための競馬入門

メシ馬／著　ねこあか／作画　K3／構成・シナリオ
定価1980円（本体1800円＋税10%）　好評発売中

紙の本　電子書籍

「競馬予想の核心」を
最短距離で学べる競馬入門書

「競馬魂」（フジテレビONE）や netkeiba.com で 圧倒的な馬券力を見せているメシ馬氏の2年半ぶりの新刊。ヒット作『穴パターン事典』シリーズで大反響を呼んだ馬券理論を、マンガと記事でわかりやすく解説します。王道を学んで進むか、知らずに進むか？ この選択であなたの競馬ライフが変わります。

亀谷競馬サロン②
馬場を極める

亀谷敬正、馬場虎太郎／著
定価1980円（本体1800円＋税10%）　好評発売中

紙の本　電子書籍

近代競馬はトラックバイアスが命!!
馬場傾向のメカニズムを徹底解説

競馬の結果は馬場に支配されています。馬場によって恵まれる馬が勝ち、恵まれなかった馬が負ける。そして、馬場に恵まれて勝った馬が次走で負け、恵まれなかった馬が穴をあける。これを見抜くことができれば的中の好循環につながります。トラックバイアス分析のプロ・馬場氏を迎えて、基本から応用まで丁寧に解説しています。